傍山隧道模型试验研究及其承载特性评价

李荣建　邹　鑫
李荣锦　林国强　著

北京交通大学出版社
·北京·

内容简介

铁路和公路中隧道是穿越丘陵山区的有效工程措施，而滑坡引起的隧道灾害在隧道修建和运营过程中时有发生。隧道模型试验以其形象、直观、真实的特性成为研究衬砌变形与受力特性的重要手段，能够真实地反映围岩和隧道衬砌的相互作用关系。本书系统地介绍了傍山隧道的研究现状与研究内容、傍山隧道模型试验设计、侧向变形条件下傍山隧道模型试验测试与分析、坡顶加载条件下傍山隧道模型试验测试与分析、数值模拟验证、衬砌承载特性评价，并总结了傍山隧道模型试验的研究结论与衬砌承载特性。

本书可作为土木、公路、铁道、水利、市政、防灾与减灾和工程地质等相关专业的本科高年级学生、研究生与工程技术人员在隧道工程设计与灾害评价方面的参考书。

图书在版编目（CIP）数据

傍山隧道模型试验研究及其承载特性评价 / 李荣建等著 .—北京：北京交通大学出版社，2023. 2

ISBN 978 - 7 - 5121 - 4858 - 1

Ⅰ. ①傍…　Ⅱ. ①李…　Ⅲ. ①山岭隧道-模型试验-研究 ②山岭隧道-承载力-评价　Ⅳ. ①U459. 4

中国版本图书馆 CIP 数据核字（2022）第 246370 号

傍山隧道模型试验研究及其承载特性评价

BANGSHAN SUIDAO MOXING SHIYAN YANJIU JI QI CHENGZAI TEXING PINGJIA

责任编辑：严慧明

出版发行：北京交通大学出版社　　电话：010-51686414　　http：//www. bjtup. com. cn

地　　址：北京市海淀区高梁桥斜街 44 号　　邮编：100044

印 刷 者：北京虎彩文化传播有限公司

经　　销：全国新华书店

开　　本：170 mm×235 mm　　印张：9　　字数：177 千字

版　　次：2023 年 2 月第 1 版　　2023 年 2 月第 1 次印刷

定　　价：49. 00 元

本书如有质量问题，请向北京交通大学出版社质监组反映。

投诉电话：010 - 51686043，51686008；传真：010 - 62225406；E-mail：press@ bjtu.edu.cn。

前　言

铁路和公路建设是促进西部发展的重要措施，但西部地区存在大量丘陵和边坡，隧道是穿越丘陵山区的有效工程措施，而滑坡引起的隧道灾害在隧道修建和运营过程中时有发生。因此，研究近邻滑坡的傍山隧道的承载特性显得尤为重要。

模型试验以其形象、直观、真实的特性成为研究地下结构变形与受力特性的重要手段，隧道模型是真实物理实体的再现，在满足相似原理的条件下，通过隧道模型试验能够真实地反映地层围岩和隧道衬砌的相互作用关系，因此，隧道模型试验成为揭示衬砌结构受力与变形特性的重要研究手段。

本书系统地开展了隧道模型试验装置与试验方案设计、傍山隧道模型试验测试分析与评价等研究。全书分为6章，第1章介绍了傍山隧道的研究现状与主要研究内容；第2章进行了傍山隧道模型试验设计；第3章开展了侧向变形条件下傍山隧道的模型试验测试分析与承载特性评价；第4章开展了坡顶加载条件下傍山隧道的模型试验测试分析与承载特性评价；第5章介绍了傍山隧道模型试验数值模拟与评价；第6章介绍了主要结论和研究展望。

在本书的编写过程中，西安理工大学白维仕、汪过兵、张世斌、王磊等博士研究生参与了部分编写工作，张瑾、邹泽林等硕士研究生参与了相关试验测试与分析研究工作。在此，对在本书编写过程中给予热情帮助的各位领导、专家及出版社工作人员表示衷心感谢。同时，本书得到陕西省重点研发计划项目（2020ZDLGY07-03）和中铁西安勘察设计研究院有限责任公司重点课题（XKY-2022-03）的支持，在此一并表示感谢。

作者

2022年9月

前　言

[illegible]

2022年9月

目　录

第 1 章

绪　论

1.1　研究背景与意义

随着社会经济的不断发展，人们的生活节奏不断加快，对交通运输的便利需求不断提升，中国的交通运输工程无论是规模还是数量，均保持着较高的增长态势。隧道因具有克服地形或高程障碍、缩短里程、节省时间、减少对植被的破坏、减少地面用地、不影响水路通航、受气候影响较小等特点而被广泛建设于山岭、城市及港湾之中。

在国家西部大开发战略的稳步推进下，西部地区的工程建设取得了长足的进步，为满足西部日益增长的运输要求，西部交通系统的完善尤为重要，特别是高速公路和铁路的建设更是重中之重。为了紧跟国家提出的“一带一路”倡议，作为基础设施建设的重要一环，越来越多的交通、水利、能源规划和国防的隧道工程被建造于我国西部山区，隧道建设已然成为交通运输工程中的关键项目之一。

我国幅员辽阔、地质复杂，其中三分之二为山地和丘陵，在山区修建高速公路或铁路时，复杂的地形地貌特征和地质条件给隧道工程的设计、施工及运营带来了极大的挑战，也会出现大量的近邻边坡或滑坡的隧道，本书将这类隧道称为傍山隧道。

由滑坡引发的隧道病害在傍山隧道施工及运营的过程中时有发生，滑坡的存在可能会使隧道产生较大的沉降及整体水平位移并使隧道结构发生较大的变形，产生错台、开裂甚至压缩掉块等现象。我国隧道变形问题普遍存在，隧道病害中出现了占全线隧道总数 70%~80%的大规模变形现象[1]。滑坡作为山岭地区最为常见的工程地质灾害之一，已成为傍山隧道建设过程中造成隧道变形与损害的最常遇到的一种复杂的危害源。

在实际工程中有些隧道设计受到自然条件等各方面的约束，隧道将不得不邻近乃至直接穿越滑坡地段。如宝成二线的新明月峡隧道通过金家河区域性逆断层破碎带，隧道拱顶上部存在一老滑坡（图 1-1）；南昆线平中 2#隧道位于滑坡滑带位置，滑动面穿过整个隧道（图 1-2）；赣龙铁路古田隧道位于滑坡的主滑段，滑动面穿过隧道拱顶（图 1-3）[2]。

边坡滑动面与隧道衬砌位置的不同会造成傍山隧道衬砌不同方式的受力变形，陶志平等人对滑坡与隧道衬砌的相对位置进行了归纳总结[3]，但对于不同滑动面条件下傍山隧道衬砌的受力变形、承载特性尚未进行深入探讨。

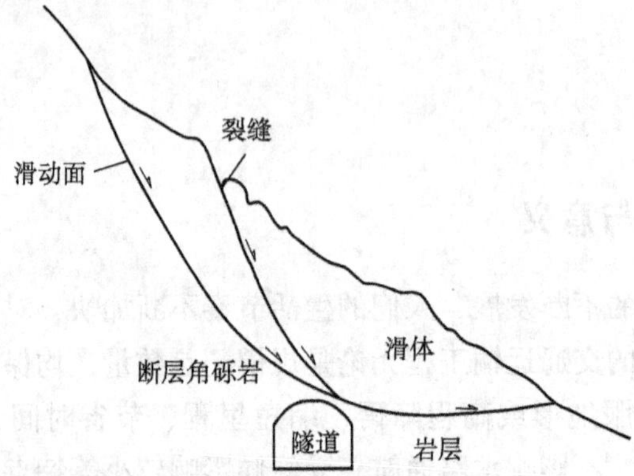

图 1–1　宝成二线新明月峡隧道

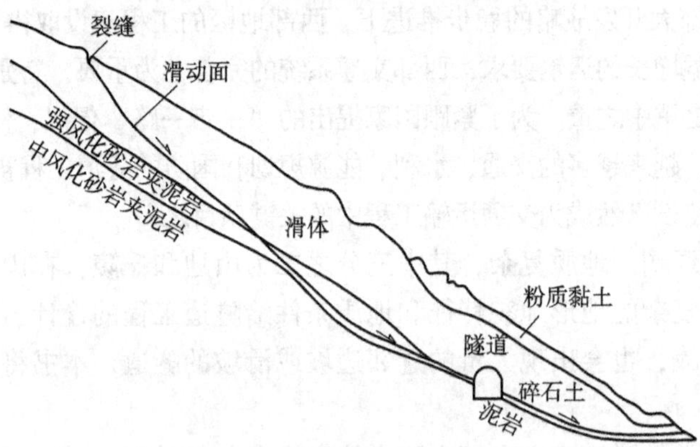

图 1–2　南昆线平中 2#隧道

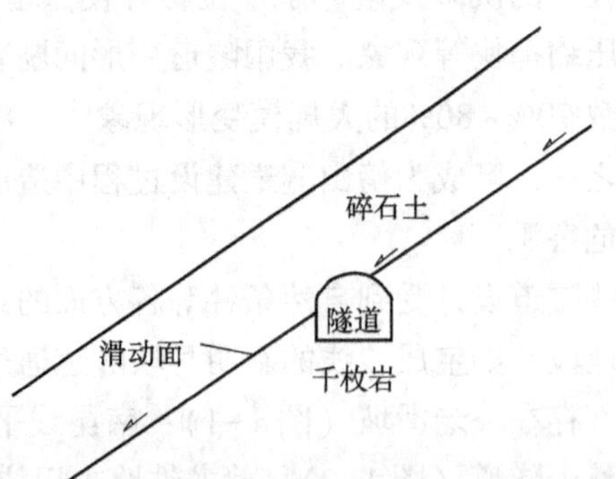

图 1–3　赣龙铁路古田隧道

在丘陵区域存在大量的傍山隧道，如西宝高速唐家塬隧道[4]、常家山左线隧道[5]、宝兰客专洪亮营隧道[6]、大准铁路南坪隧道[7]等。我国中西部丘陵地区地形复杂，存在大量边坡，在穿越边坡的公路及铁路隧道的修建过程中极有可能出现滑坡等不良地质问题，或者隧道运营过程中由于地震等外力作用而出现滑坡灾害，如四川汶马高速马尔康往汶川方向的通化 1 号隧道口突发山体滑坡，土石滑落后将洞口堵住[8]，又如湖南古丈暴雨引发山体滑坡，掩埋隧道[9]。这种类型灾害的发生不仅会造成直接的重大经济损失，而且由于交通的堵塞与中断，会造成进一步的经济损失。

图 1-4　西宝高速唐家塬隧道

图 1-5　毛坪村铁路隧道滑坡

通常近邻滑坡对隧道造成的危害，主要有两种情况。一种为隧道在修建过程中出现滑坡灾害，另一种为在隧道运营过程中，由于地震等外力作用使得修建隧道的边坡发生滑动，对隧道造成影响。近邻滑坡对隧道的危害分析，需要同时考虑边坡稳定和傍山隧道，这就使得边坡病害特点和隧道病害特点可能会同时集中出现在同一工程中。相关机构针对目前运营中的铁路隧道，进行了灾害调查统计，发现存在病害问题的隧道数量达到总数量的62.3%[10]。其中，主要发生的病害表现为以下几种：从整体来看，傍山隧道会发生整体性的滑动，从细微处看，隧道衬砌会出现开裂、变形、掉块等问题，严重的会出现隧道衬砌整体坍塌，对相关线路的运营造成严重影响。究其原因，陶志平、毛坚强认为，当修建在边坡中的隧道遇到滑坡问题时，除围岩压力会增长外，还会受到边坡土体滑动引起的侧向推力作用，受力的多样性引起隧道自身变形机理复杂[11-12]。

在专家学者及工程人员对傍山隧道进行治理的案例中，有的治理很成功，有的却出现反复变形甚至整体滑动，治理效果不明显，说明当前对于傍山隧道的治理仍然没有形成较为成熟的专业机制，同时说明在设计傍山隧道的过程中，对于傍山隧道在滑坡过程中变形机制和承载特性还缺乏研究。其原因在于，对于傍山隧道的变形机制和承载特性的研究还不够深入，只有进一步开展深入研究，才有可能较为准确地预测傍山隧道在工程体中的变形趋势和承载特征，并针对预测结果进行方案设计，制定相应的防护措施。因而，开展对傍山隧道的变形机制和承载特性的研究，以提高傍山隧道的设计水平，对于保证隧道工程的安全和保护人民生命财产具有重要的工程意义。

基于隧道-滑坡相互作用的研究，可以总结归纳出傍山隧道存在以下三种体系：隧道-滑坡平行体系、隧道-滑坡正交体系、隧道-滑坡斜交体系。而傍山隧道的破坏主要有以下两种形式：一是隧道衬砌开裂，这是由于隧道受到了滑坡体土体挤压作用；二是隧道局部段随滑坡体出现明显的滑动，进而造成隧道整体无法继续运营。因而，滑坡滑动面与隧道之间的相互位置影响着傍山隧道的破坏形式。

因此，本书在充分考虑傍山隧道实际工程中滑动面与隧道衬砌的相对位置的基础上，针对隧道-滑坡正交体系，以黄土泥岩二元地质边坡中傍山隧道衬砌作为研究对象。一方面，开展侧向非均匀加载条件下傍山隧道的模型试验测试与研究；另一方面，开展坡顶加载条件下傍山隧道的模型试验测试与研究，并利用ABAQUS有限元软件对傍山隧道模型试验进行相应的数值模拟与分析，结合所测得模型试验数据，总结黄土泥岩二元结构边坡中傍山隧道的变形机理和承载特性。本书研究结果不仅可揭示傍山隧道的变形机理和承载特性，而且还可为傍山隧道设计提供一定的物理模型试验基础和技术指导，可有效提高傍山隧道的设计水平。

1.2 研究现状

1.2.1 边坡稳定性研究现状

边坡滑坡是地质灾害中最常见的一种自然灾害，长期以来，国内外研究学者在边坡灾害领域进行了大量的研究，其中边坡稳定性评价方法是其中最重要的研究方向。对于这方面的研究，国外学者开始相关研究的时间较早，圆弧滑动法最早由瑞典学者 K. E. Petterson 提出，经过 Fellenius 和 Tayler 的修正和进一步完善，诞生了丰富多彩的用于边坡稳定性分析的条分法，包括 Bishop 提出的毕肖普法[13]、Janbu 提出的简布法[14-15]、Sarma 法[16]、摩根斯顿-普赖斯提出的普遍条分法[17]、Spencer 提出的斯旁塞法[18-19]、Baker 和 Garber 提出的临界滑面法[20]、传递系数法[21]、极限分析法[22]等，这些基于极限平衡及塑性理论的方法因其简单、直观的特点被广泛应用于工程实践当中。

1975 年，Zienkiewize 利用有限元强度折减法来进行边坡稳定性分析[23]，但受限于当时的科技条件，该方法未被广泛推广。随着计算机技术的更新发展，1999 年有人尝试使用有限元强度折减法计算边坡的安全系数，并将其与传统模式下基于极限平衡理论方法所得到的边坡安全系数进行对比，从而论证了强度折减法的可行性[24-25]。同时，离散元法[26]、非连续变形法[27]等这些能够考虑岩土体的复杂性质、能直观模拟坡体渐进性破坏过程的数值分析法也逐渐被使用。

随着人们对岩土体复杂性、各向异性和不确定性认识的提高，为了更加深入细致地对边坡稳定性进行研究，一些不确定性分析方法和理论也逐渐被应用于边坡稳定性分析当中。王家鼎[28]和伍四明[29]等人将模糊数学法中的模糊理论运用于斜坡稳定性问题的定量研究当中。祝玉学[30]将可靠性方法运用于斜坡稳定性分析当中。袁相儒等人[31]建立了对滑坡灾害进行预测的专家系统 LPSE，并将其运用于长江三峡地区的边坡稳定性分析当中。肖专文[32]针对传统方法中容易造成局部极小值的缺陷问题进行了优化研究，实现了对边坡危险面和相应的最小安全系数进行确定。蒋良文[33]讨论了神经网络在边坡稳定性分析中的应用。许建聪[34]将工程实测结果和室内试验结果进行对比分析，以滑坡稳定系数、滑坡体饱水面积及滑带抗剪强度指标为研究对象，对强降雨作用下的边坡进行了相关研究，探讨了采用一种不分离接触弹塑性有限元强度折减算法在分析强降雨作用下边坡稳定性时的技术问题。校小娥[35]以地震作用和滑坡稳定性之间的关系为研究目标，从边坡稳定性、变形特征及应力场三个方面开展了研究分析，对滑坡进行了稳定性评价，并对动荷载作用下的剪应变增量和位移分布特征进行了分析。杨涛等人[36]通过数值模拟软件建立滑坡模型，采用离散的薄层八节点六面体单元模拟滑带土，采用莫尔-库仑强度准则模拟滑带材料，通过计算滑带土单元的应力及滑动状态对单元点安全系数进行了新的定义，通过单元点安全系数对滑坡的空间滑动机制进行了分析，通过整体安全系数对边坡整体稳定性进行了评价。

李世海等人[37]根据边坡地质体的渐进作用及动态破坏的特点，较为系统地探讨分析了边坡的稳定性。汪丁建[38]考虑降雨作用，采用整体抗剪强度准则对边坡稳定性进行了评价，同时考虑到渗透力的作用，建立了滑坡稳定性系数表达式。曾刚[39]对兴山县柑橘园滑坡进行研究，以三峡水库的调度时间为一个研究时段，以非饱和土力学中的渗流理论和抗剪强度理论为基础，分析了滑坡稳定性，得出了水库水位与滑坡稳定性和滑坡内部渗流场的关系。沈佳等人[40]针对福建泉州德化石山滑坡开展了相关研究，结合地质资料，利用物理及数学模型对台风暴雨条件下的滑坡进行模拟，研究了不同降雨强度下边坡稳定系数的变化规律，提出了台风暴雨型滑坡位移演化过程。林文华等人[41]利用强度折减有限元法研究了在堆填界面软化和地下水作用下大型弃渣边坡的稳定性。

针对滑坡评价及其治理，国内外学者开展了许多研究，这些研究大多针对滑坡进行研究，而在实际工程中，常常可以见到隧道与滑坡同时存在的情况，因此需要将两者结合起来进一步开展研究。

1.2.2 隧道稳定性研究现状

人类很早就开始对洞室的稳定性及洞室周围围岩压力进行了相关研究，无论是隧道建设还是隧道运营，极易遇到隧道变形、衬砌开裂等病害问题，造成这些问题的主要因素可以归结为以下三个方面：围岩长期流变致使隧道发生变形、自然灾害的发生（如地震、滑坡、强降雨等）造成隧道变形及人类的工程活动导致隧道变形。

针对隧道围岩压力研究，存在古典围岩压力理论、松散体压力理论、弹性理论、塑性理论、新奥法理论等诸多分析理论，为隧道研究和设计奠定了有益的基础，而基于现场测试、模型试验和数值分析等先进方式，近些年也开展了大量的研究。

在国外学者的相关基础理论研究中，最有影响力的理论是由美籍奥地利学者 Terzaghi 提出的松散体理论[42]。随着人们对相关理论的深入研究，科学家们开始将弹塑性力学应用到研究隧道稳定性问题上，其中研究这方面问题比较深入的学者有 Talobre、Fenner、Kastner、Rabcewicz 等人，他们主要基于理论分析和试验监测，提出了隧道围岩中弹塑性应力的分布形态[43-44]及新奥法理论[45]。国内学者也在隧道方面进行了大量相关的基础理论研究，其中比较著名的主要有中国岩石力学与工程学科的创始人于学馥最早提出的轴变论理论[46]、董方庭教授提出的松动圈理论[47]及何满朝教授提出的软弱围岩工程力学支护理论[48]。

在隧道变形和围岩稳定性的相关研究中，针对国内隧道的施工过程和目前运营中的隧道的现状及对未来隧道相关工程的发展方向，《中国公路学报》编辑部从钻爆法等方面对隧道工程设计理论和方法进行了系统梳理，针对不同的施工方法（钻爆法、盾构施工法、TBM法、沉管法），从隧道通风、照明、病害、防灾救灾、维护加固等各个方面，对隧道在运营过程中存在的问题及隧道安全问题进行了总结阐述，指出了隧道新的研究视角和未来发展方向[49]。Zhang Xiao[50]基于极限平衡法和强度折减技术，建立了安全系数分析模型和简洁的设计流程，讨论了面板螺栓和伞形拱对隧道面板稳定性和无支撑跨度的影响。廖凯[51]利用现代图像处理技术、远程数据传输技术及专业数据分析技术，将多种技术融合创新，开发出了一种能够监测隧道变形的图像传感监测系统，可以实时监测隧道变形，并及时发出预警。黄胜[52]主要对高烈度地区隧道进行研究，从该地区的隧道震害机制着手，新研制了一种可以降低地震波传递的材料——泡沫混凝土，对岩石材料进行了动力学特性试验研究，然后通过研究选取了合适的地震波作为试验工况，开展了高烈度地震作用下隧道的动力响应特性和稳定性评价研究。李术才等人[53]针对最新发展的三种先进预测技术下的钻探与爆破方法及工程中采用TBM技术的可行性进行了探讨，形成一种全过程综合地质预测系统下的隧道综合预测技术，并对钻爆法施工的隧道定量超前预测进行了研究评价。针对软弱围岩隧道，赵勇[54]结合软弱围岩隧道的特点，对软弱围岩地质特征与工程影响评价、支护结构与围岩作用体系、变形机制与时空效应、隧道软弱围岩变形控制技术等开展了研究。田岗等人[55]研究了灰色理论在预测土质隧道变形中的不完备性，利用提出的灰色上、下限理论对模型中的预测误差进行深入分析，最终得出上、下限值，在一定宽度范围内预测模型，改变了旧有的点预测模式，使得隧道预警时间有一定的提前。谢雄耀等人[56]利用现代激光扫描技术，在现场开展试验，对隧道断面进行三维扫描，通过采集得到的数据进行相关分析，从而解决了隧道数据采集困难和难以及时处理数据的问题。洪开荣[57]以国内隧道为主要研究对象，针对隧道及地下工程技术发展现状进行了评价，并对国内隧道技术的发展前景进行了分析预测。闫春岭等人[58]利用FLAC数值模拟软件进行隧道围岩稳定性模拟分析，结合实际工程实例，提出了根据模拟结果与实际测量数据相互印证来判断围岩稳定性的方法。宋丽霞等人[59]分析了有限元、边界元、离散元等数值模拟分析方法在隧道围岩稳定性分析中的应用，指出了隧道围岩稳定性数值模拟中存在的问题和未来的发展方向。苏永华等人[60]根据地下工程围岩的地质历史特征，采用能反映开挖扰动影响的Hoek-Brown准则作为岩体力学参数的估算方法，根据二次应力的分布和隧道围岩的松动失稳机理，提出了基于隧道拱顶沉降变形位移突变的围岩失稳判据，然后将强度折减法与失稳判据相结合，建立了围岩自支撑结构稳定性安全系数分析方法，对影响隧道围岩结构稳定安全系数的基本因素进行了敏感性分析。吴秋军等人[61]对现场监测位移数据进行了统计分析，得出在一般的围岩条件下，同一水平的围岩相对位移值比较窄，而不同水平的围岩相对位移值相差较大的结论，根据这一特点，通过对不同级别围岩的现场位移监测数据进行统计分析，建立了围岩稳定性判据，为围岩分类提供了更有效的依据。

针对隧道建设过程中有关隧道开挖引起的变形问题，P. Chambon[62]通过离心模型试验研究了黏性土地质条件下盾构隧道的开挖面受力情况及其稳定性问题。苟德明等人[63]通过建立浅埋暗挖隧道管棚受力的弹性固定端双参数弹性地基梁模型进行计算，并结合土江冲隧道管棚处变形计的监测数据，评价了隧道管棚的受力变形状态。李煜舲等人[64]通过三维有限元程序，结合岩体弹性参数、隧道位移、初始应力等因素研究了隧道开挖的收敛损失与隧道剖面变形的关系。G. Mollon 等人[65]基于极限分析提出了二维破坏机制，并确定了开挖面的临界坍塌压力。张强[66]利用有限元研究了地形地貌、地质条件共同引起的浅埋偏压隧道开挖后的围岩稳定性及其受力特征。吕和林[67]、刘艳青[68]和朱永全[69]等人针对围岩失稳判别、预测及位移分析进行研究。Kitagawa[70]、Aydan[71]和李文涛[72]等人对地下开挖过程中引起的坍塌、冒顶、底鼓等地质灾害开展了围岩结构及其力学特性的研究，并提出了相应的防护手段。Barton[73]、杜守继[74]、李晓红[75]等人对隧道开挖引起的围岩松动及支护结构的加固方式和效果进行了研究。

针对隧道运行期间的变形问题，戴宏伟[76]、康成[77]等人使用弹性地基梁理论对现有盾构隧道的变形和内力进行了理论研究。张明告等人[78]通过室内模型试验的方式研究了地面超载等情况对地铁盾构隧道造成的影响。周德培等人[79-80]根据岩体流变理论研究了运营期间隧道的开裂问题，且通过模型试验进行了验证。周丁恒[81]、孙廉威[82]等人利用数值模拟的手段研究基坑开挖、地面超载情况下的隧道变形问题。苏道振[83]、王莉[84]等人通过对隧道的长期监测来分析隧道的变形、沉降情况。谭玉兰[85]等人通过调查发现隧道变形开裂问题是隧道病害主要的病害形式，占病害总数的41%。

针对隧道围岩稳定性、变形机制及承载特性，国内外学者都开展了大量研究，为隧道与滑坡同时存在的研究奠定了一定的研究基础。

1.2.3 隧道-滑坡相互作用的研究进展

根据大量工程实践可知，滑坡对隧道的变形和受力影响取决于隧道与滑动面的相对位置这一个关键因素，因为不同的空间位置会导致隧道变形和承载特性产生不同程度、不同形式、不同部位的变化。而针对边坡-隧道相互作用的研究可以从理论研究、数值模拟研究和试验研究三个方面展开。因此，针对隧道-滑坡体系，需要进行一个详细的分类，这个分类对研究隧道和滑坡的相互作用十分必要。

1. 隧道–滑坡体系的分类

19 世纪 80 年代，在理论研究方面，基于对日本一些隧道开挖时产生滑坡现象的分析，山田刚二等人[86]认为当滑坡滑动方向与隧道相垂直或平行时，边坡相应的破坏模式必有不同，并且分析了隧道穿过滑体和隧道未穿过滑体这两种情况下隧道的破坏特征及位置关系的影响评价。2012 年吴红刚等人[87]总结了大量隧道滑坡相关工程实例，进一步将隧道–滑坡相互关系进行划分，提出两种不同角度的分类方法。其中第一种分类根据隧道轴线与滑坡主滑方向的夹角不同将隧道滑坡分为隧道–滑坡正交体系（70°~90°）（图 1–6）、隧道–滑坡平行体系（0°~20°）（图 1–7）、隧道–滑坡斜交体系（20°~70°）（图 1–8），随后进一步根据滑动面与隧道的相对关系，将隧道–滑坡正交体系分为隧道位于滑动面以下、隧道与滑动面相交、隧道位于滑动面以内三种具体情况（参见图 1–6）。第二种分类根据滑动面数量与隧道的关系，分为多滑动面隧道–滑坡体系和单滑动面隧道–滑坡体系。张鲁新、毛坚强等人[88–89]对滑坡引起隧道变形开裂的机理进行了总结分析，认为坡体材料的蠕变不仅增大了隧道承受的土压力，而且改变了隧道原有的土压力作用方式，指出了不同段隧道在滑坡条件下隧道衬砌开裂的特征。周德培等人[90]根据隧道与滑动面的相对位置，针对隧道变形与滑坡的五种地质结构模型，分析了不同条件下隧道与滑坡的相互作用。陶志平等人[91]通过对大量滑坡隧道的调查分析，建立了三种隧道的地质力学模型，进而对隧道变形规律进行了详细分析，并提出了一种预测近邻滑坡隧道变形的模型。马惠民等人[92–94]对大量中国山区铁路干线进行调查，论述了存在包括错落、滑坡在内的坡体病害影响隧道变形及相互作用机理。成永刚[95]针对隧道与边坡关系进行了进一步总结，重申了正交、平交和斜交三种隧道穿越滑坡的方式。

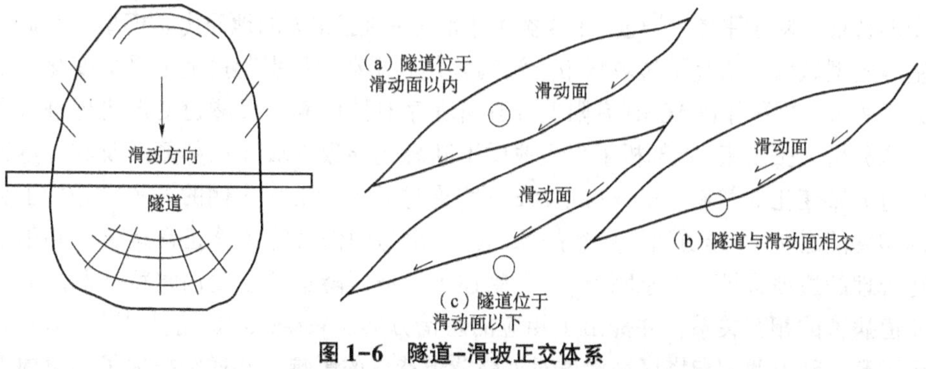

图 1–6 隧道–滑坡正交体系

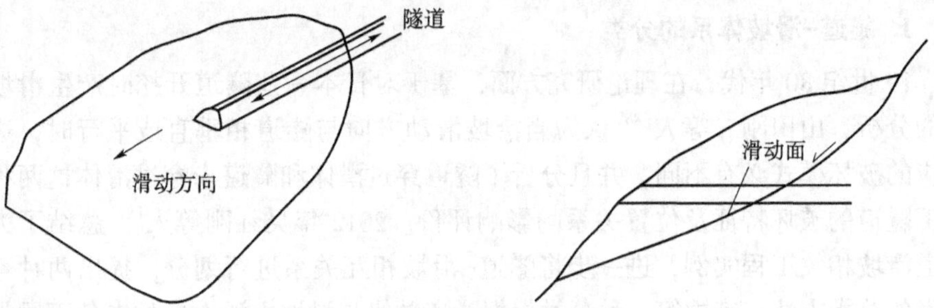

图 1-7　隧道-滑坡平行体系

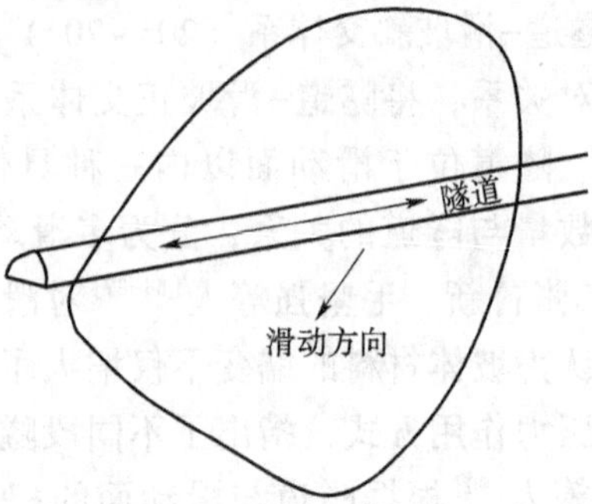

图 1-8　隧道-滑坡斜交体系

2. 隧道-滑坡体系受力变形特征研究现状

针对隧道-滑坡体系的研究主要是对其受力变形模式的研究及相关治理措施的研究。张鲁新等人[96]以东荣河滑坡为例，通过对现场的滑坡进行监测，并根据室内蠕动试验，分析了蠕动型滑坡成因及其导致隧道变形开裂的破坏机理。潘卫东等人[97]从理论上分析了单滑动面与多滑动面情况下隧道的变形规律。毛坚强等人[98]通过建立有限元计算模型，应用接触问题算法分析了隧道-滑坡的受力变形特征。陶志平[99-100]建立了 4 类关于滑坡-隧道相关的地质力学模型，并通过室内模型试验，研究了边坡滑带土浸润软化后蠕动变形引起的隧道受力变化。刘天哲等人[101]采用 FLAC3D 有限差分分析程序对坡体病害段隧道变形机理进行了模拟分析。张永康[102]剖析了工程地质不断恶化导致滑坡体局部复活及其对隧道应力分布变化的影响。Bhardwaj G. S. [103]通过对大量工程实例的调查，分析了加剧印度国道 76 号隧道病害产生的原因，指出为确保其能持续正常运营，必须进行合理的边坡维护。王永刚等人[104]阐述了滑坡区隧道的主要病害特征及滑坡与隧道病害的相互关系，并提出了相应的防治方案。Vassallo R. 等人[105]总结并分析了意大利巴西利卡塔区域滑坡对铁路隧道造成的影响，并详细描述了隧道周围坡体的位移情况。孔祥凯[106]针对大准铁路南坪隧道左侧滑坡失稳导致隧道局部产生裂缝、边墙错位、底部隆起等破坏的问题，通过工程数值软件 ANSYS 及 GEO-SLOPE 建立模型并分析评价了滑坡体对隧道产生的危害影响。Szavits-Nossan 等人[107]通过计算机模拟展现了隧道开挖时隧道围岩塑性区的发展过程，表明坡体具有渐进破坏特征。崔宏伟等人[108]通过对比实测位移与数值模型计算位移提出了滑坡塑性应变突变点和浅埋隧道围岩变形的极限值。吴红刚[109]通过室内模型试验的方式阐述了隧道-滑坡平行体系下预加固技术的作用机理并提出了基于预加固理念的控制变形技术。王安福等人[110]以襄渝线柴家坡隧道为模拟对象，分析了坡体蠕动变形及隧道施工对隧道衬砌的影响。叶浩[111]通过对隧道-滑坡正交体系下两者相互作用机理的研究，推算出隧道位于滑坡下方最小安全距离的条件下，隧道与滑坡的相互影响安全系数。

在室内模型试验研究中，不仅可以直观看到隧道衬砌模型及边坡的位移破坏情况，而且可以准确地采集隧道衬砌模型及边坡模型力学参数的变化。陶志平等人[112]通过模型试验，研究了滑坡地段坡体位移与隧道的相互作用机理、围岩和衬砌压力的变化规律及滑坡和隧道的位移变化趋势。吴红刚等人[113-115]先后以隧道-滑坡正交体系、隧道-滑坡平行体系和隧道-滑坡斜交体系为研究对象，采用地质力学模型试验的方法开展了隧道-滑坡体系的位移机理研究，通过布置在隧道周围的土压力盒监测隧道围岩应力及隧道衬砌的受力变化规律。熊田芳等人[116]以西安地铁二号线穿越地裂缝的区间隧道为对象，通过几何相似比尺 50：1 的物理模型试验，开展了地裂缝活动条件下地铁隧道正交穿越地裂缝时衬砌结构与围岩相互作用机制的试验研究。艾挥等人[117]通过大型地质力学模型试验，研究在无支挡结构下降雨对隧道-滑坡正交体系的作用机理，主要研究在不同降雨阶段中隧道-滑坡正交体系下隧道纵向应变的变化特征及隧道不同横断面环向应力变化特点。秦睿等人[118]认为隧道-滑坡体系的受力和变形特征极为复杂，这往往会成为中西部地区隧道工程建设中的主要难点之一，并以重庆杨家湾隧道滑坡为原型，通过室内模型试验分析研究了杨家湾隧道-滑坡体系的变形机理，他们认为隧道在滑坡体中的受力使隧道在中间位置变形最大，然后随着向两侧的延伸，变形逐渐减小。

1.2.4 黄土泥岩二元地质中傍山隧道模型试验研究课题

针对隧道-滑坡体系的相关研究，主要通过对大量工程实例的归纳总结、建立理论模型进行受力计算、通过数值软件进行模拟分析及采用室内模型试验进行监测研究。但值得注意的是，在现有相关的隧道-滑坡体系模型试验研究中，大多是针对产生破坏现象时防治措施的研究，而吴红刚[113-115]、秦睿[118]等人进行的模型试验研究则是重点研究隧道周边土压力或者隧道延伸方向的变形。根据国内外学者的研究和大量工程实践可知，滑坡对隧道变形与受力承载的影响程度，取决于隧道与滑动面的相对位置，不同的空间位置必然会导致傍山隧道受到邻近滑坡不同程度、不同形式、不同破坏模式的影响。

针对土岩交界面和边坡滑动面对傍山隧道受力变形及承载特性影响的研究相对较少，尤其缺乏物理模型试验的相关研究。本书以黄土泥岩二元地质边坡中傍山隧道为研究背景，利用室内模型试验与有限元数值分析相结合的方法研究隧道-滑坡正交体系，分别进行滑坡地区不同滑动面位置下隧道衬砌侧向变形条件下傍山隧道的模型试验研究、坡顶加载条件下傍山隧道的模型试验研究，并利用ABAQUS有限元软件对傍山隧道模型试验进行了相应的数值模拟与评价，从而为滑坡附近隧道衬砌设计及加固提供合理的试验基础。

1.3 主要研究内容

在隧道建设过程中，有时隧道将不得不邻近乃至直接穿越滑坡地段。滑动面与隧道的相对位置不同，会使得隧道受到不同程度的影响。研究不同滑动面条件下傍山隧道衬砌的受力变形及承载能力，对隧道位置的选择及隧道衬砌的设计显得尤为重要。因此，开展侧向变形条件下傍山隧道模型试验、坡顶加载条件下傍山隧道模型试验研究，具有重要的科学意义与工程意义。

本书选取泥岩及黄土作为围岩，通过设计黄土泥岩二元地质边坡中傍山隧道模型试验，分别进行侧向变形条件下傍山隧道的模型试验研究、坡顶加载条件下傍山隧道的模型试验研究，并利用ABAQUS有限元软件对傍山隧道模型试验进行相应的数值模拟与分析，结合所测得的模型试验数据，总结评价傍山隧道的变形机理和承载特性。

1. 侧向变形条件下傍山隧道的模型试验研究

针对隧道-滑坡正交体系，以傍山隧道衬砌为研究重点，以是否存在地层交界面、是否存在潜在滑动面为变量，设计了四组隧道-滑坡正交体系下不同滑动面位置条件的黄土泥岩二元地质边坡中傍山隧道模型试验，利用侧向非均匀加载进行侧向加载破坏性试验，模拟边坡变形过程中隧道模型的受力特性，分析隧道衬砌弯矩、隧道周围土压力及隧道衬砌破坏趋势，并利用数值模拟软件模拟侧向非均匀加载条件下傍山隧道衬砌受力及位移特征，分析评价傍山隧道衬砌的承载特性。主要研究工作包括以下几个方面：

(1) 选取黄土泥岩二元地质边坡中傍山隧道为研究对象，采集试样，确定试验土体的基本物理力学参数。

(2) 选择有机玻璃作为隧道衬砌模拟材料，参考相关边坡中隧道工况，建立上部为黄土、下部为泥岩的黄土泥岩二元地质边坡中傍山隧道模型，设计制作隧道模型位于上部黄土中、黄土中潜在滑动面贯穿隧道模型、隧道模型位于黄土泥岩交界面、黄土泥岩中潜在滑动面贯穿隧道模型四种试验工况，并确定隧道衬砌模型及边坡尺寸。

（3）配备电阻式应变片、电阻式微型土压力计、位移传感器和数据采集系统，进行四种工况条件下黄土泥岩二元地质边坡中傍山隧道模型侧向非均匀加载试验，实时观测隧道变形及围岩脱空情况，采集隧道衬砌模型内外两侧应变量、隧道衬砌模型周围土压力、边坡不同位置土压力和边坡滑移情况，分析评价傍山隧道的受力变形机理与承载特性。

（4）利用 ABAQUS 进行傍山隧道的侧向非均匀加载模拟，建立室内边坡中隧道侧向非均匀加载的数值计算模型，开展傍山隧道的受力和变形计算，结合所测得的模型试验数据，总结评价侧向加载条件下傍山隧道的受力变形机理及承载特性。

2. 坡顶加载条件下傍山隧道的模型试验研究

针对隧道-滑坡正交体系，设计了四组隧道-滑坡正交体系下存在不同滑动面位置条件的黄土泥岩二元地质边坡中傍山隧道模型试验，并以坡顶竖向加载的方式，结合位移传感器、土压力盒、应变片监测，研究滑坡地区不同条件下边坡的破坏模式及傍山隧道衬砌的受力变形与承载特性，再通过 ABAQUS 有限元软件对傍山隧道衬砌的变形及受力做进一步研究，量化隧道衬砌的变形，弥补模型试验过程中无法全面测量隧道衬砌变形的问题。主要研究工作包括以下几个方面：

（1）选取黄土泥岩二元地质边坡中傍山隧道为研究对象，对模型试验所使用的黄土及泥岩开展室内基本物性试验，确定试验土体的基本物理力学参数。

（2）对课题组研制模型箱的竖向加载功能进行调试，配备位移传感器、土压力盒和数据采集系统，模型试验中隧道衬砌的材料选定为有机玻璃，并根据其力学参数结合模型试验条件选定模型隧道的尺寸。

（3）开展坡顶竖向加载条件下无滑动面、滑动面位于隧道上方、滑动面穿过隧道拱顶、滑动面穿过整个隧道等四种不同滑动面位置条件工况下的傍山隧道模型试验。观察并记录边坡的破坏模式及隧道的受力与变形情况，监测每级加载阶段中的位移传感器、土压力盒和应变片的数据采集情况。结合试验现象及试验条件对各工况下的位移、土压力及弯矩变化过程进行分析，通过对比不同滑动面位置条件下的四种工况，从而分析得到傍山隧道模型试验中不同滑动面位置下边坡的破坏模式及隧道衬砌的受力变形及承载特性。

（4）利用 ABAQUS 进行坡顶加载条件下傍山隧道的模型试验模拟，建立傍山隧道的数值模型，通过坡顶逐级加载研究傍山隧道的受力和变形计算，结合所测得的模型试验数据，分析总结在坡顶加载条件下傍山隧道的受力变形机理及承载特性。

第 2 章

傍山隧道模型试验设计

2.1 傍山隧道工程背景

对遭遇各类滑坡的傍山隧道工程进行总结可知，存在以下几种常见类型：

（1）隧道处于单一地层，无潜在滑动面，但是由于地震、暴雨等外力作用出现滑坡灾害，从而危及傍山隧道的安全，如毛坪村铁路隧道滑坡，如图 2-1（a）所示。

（2）隧道处于单一地层，但是存在潜在滑动面，对傍山隧道的安全有威胁，如武罐高速公路圆台子隧道，如图 2-1（b）所示。

（3）隧道位于两种不同的地层交界面处，无潜在滑动面，在地震等外力作用下，发生滑坡灾害，对傍山隧道的安全存在威胁，如赣龙铁路古田隧道，如图 2-1（c）所示。

（4）隧道位于地层交界面，而且存在贯穿两种地层的潜在滑动面，对傍山隧道的安全存在威胁，如南昆线平中 2#隧道，如图 2-1（d）所示。

本章将以工程中的傍山隧道为研究背景，开展黄土泥岩二元地质边坡中傍山隧道室内模型试验研究，分别进行滑坡地区不同滑动面位置下隧道衬砌的侧向变形条件下傍山隧道的模型试验、坡顶加载条件下傍山隧道的模型试验测试与分析，对傍山隧道模型试验进行分析与评价，为滑坡区域的隧道衬砌设计提供合理的试验研究基础。

（a）毛坪村铁路隧道滑坡

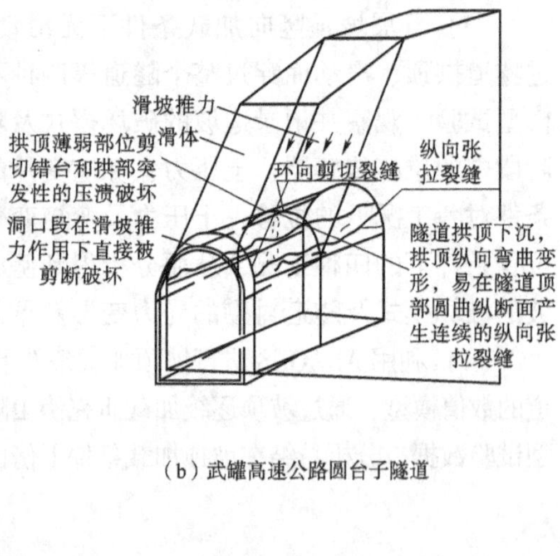

（b）武罐高速公路圆台子隧道

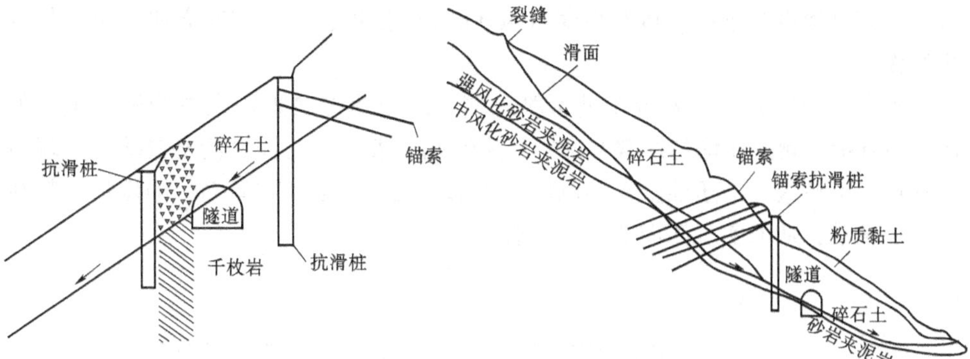

（c）赣龙铁路古田隧道　　（d）南昆线平中2#隧道

图 2–1　边坡隧道工况典型案例

2.2　隧道模型试验装置

1. 物理模型试验装置

在侧向变形条件下傍山隧道的模型试验中，采用一种侧向非均匀加载模型箱进行滑坡条件下边坡中隧道模型试验，模型箱如图 2–2 所示。

图 2–2　模型箱

模型箱尺寸为 2.4 m×1.5 m×0.8 m。模型箱框架采用边长为 80 mm 的不锈钢方钢焊接而成，模型箱背面侧板及底板为厚 10 mm 的不锈钢钢板，它们与框架通过焊接而连接形成一个整体。在模型箱中部与顶部适当加肋，以增大模型箱整体刚度。模型箱正面为厚 10 mm 的透明钢化玻璃，便于透过玻璃观测试验变形现象。玻璃外侧靠左侧适当加肋，防止模型填筑及加载过程中玻璃及框架发生变形破坏。模型箱右侧下部焊接有高度为 400 mm 的挡板，留有空间方便试验人员进出操作。

侧向非均匀加载系统位于模型箱一侧，液压油缸被固定在左侧框架上，如图 2-3所示。侧向非均匀加载系统中，刚性侧压板上部与油缸活塞铰接，下端与模型箱底部铰接。液压油缸推动侧压板顶部油压千斤顶向右运动，侧压板底部在铰接处转动，从而实现侧向非均匀加载。

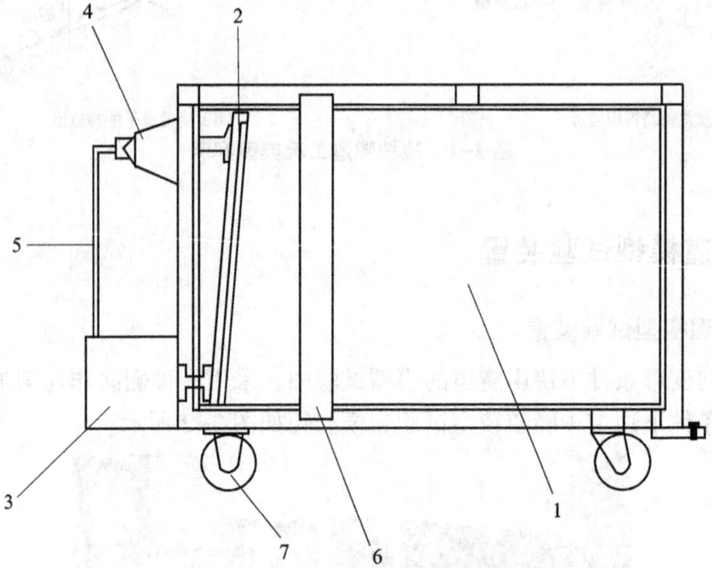

1—模型箱；2—压板；3—液压设备；4—油缸支座；
5—压力胶管；6—竖向支撑；7—万向轮。

图 2-3　模型箱侧向非均匀加载系统

这种侧向加压加载方式能够根据边坡滑动过程中上部位移大、下部位移小的特点，较真实地模拟边坡滑坡的实际变形特征，解决了以往整体均匀加载中滑坡变形不符合实际的问题。

在坡顶加载条件下傍山隧道的模型试验中，针对坡顶竖向加载方式，在模型箱顶部放置一块钢盖板，它通过螺栓被固定在模型箱顶部。将气囊放置于边坡顶部和钢盖板之间，气囊采用充气式橡胶阀，由空压机供压。由于钢盖板作为气囊的反力架，气囊充气后会对边坡坡顶产生竖向压力。为了保证施加在坡顶的荷载为均布荷载，在气囊与坡顶之间放置一块硬质木板，并在硬质木板下方放置一块柔性泡沫板。坡顶加载长度为 700 mm，坡顶加载宽度与模型箱内部宽度相同，为640 mm。模型箱顶部加载系统如图 2-4 所示。

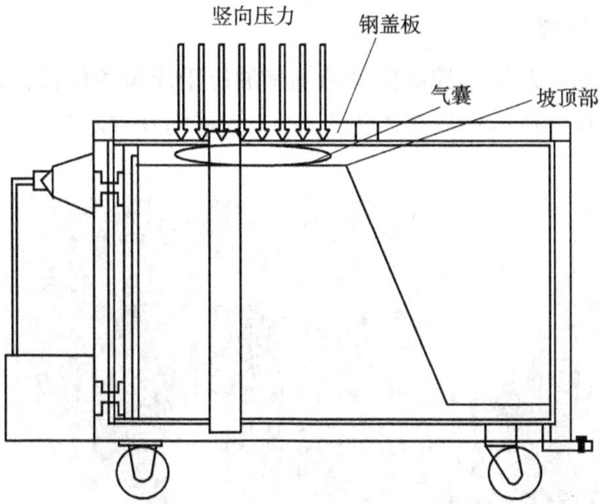

图 2-4　模型箱顶部加载系统

2. 隧道衬砌模型

在傍山隧道模型试验中采用有机玻璃圆桶来模拟隧道衬砌，如图 2-5 所示。隧道衬砌内径为 300 mm，厚度为 10 mm，长度为 640 mm，与模型箱内部宽度尺寸相同。有机玻璃具有制造方便、易于成形、加载变形大、承载能力高、易于测量、各向同性等优点，因而在模型试验中应用广泛。

应变片沿着隧道衬砌模型横截面圆周粘贴，由于电阻式应变片是埋置在具有一定含水率的土体中使用的，因此需要在电阻式应变片表面涂设一层防水材料，试验中选用 705 硅橡胶作为防水材料。图 2-6 即为粘贴好电阻式应变片的隧道衬砌模型。

图 2-5　隧道衬砌模型

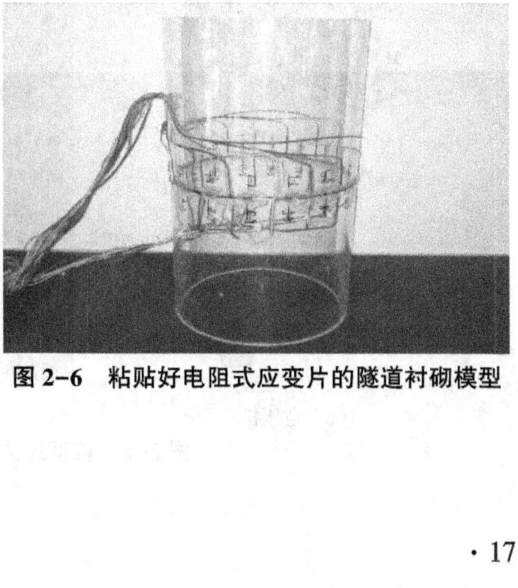

图 2-6　粘贴好电阻式应变片的隧道衬砌模型

3. 侧向加载油源

本试验采用油缸调压来控制模型箱侧壁油压千斤顶的位移，从而控制模型箱侧板位移大小，该调压阀使用精度为 2 kPa，量程为 0~12 MPa。图 2-7 为侧向加载油源。

图 2-7　侧向加载油源

4. 坡顶竖向加载装置

本试验采用空压机控制气囊压力，从而实现坡顶表面加压，通过 IR2000 精密调压阀来精确控制气囊压力，从而控制坡顶竖向荷载大小。本实验室使用的空压机量程为 0~1.0 MPa［图 2-8（a）］，调压阀精度为 5 kPa［图 2-8（b）］。

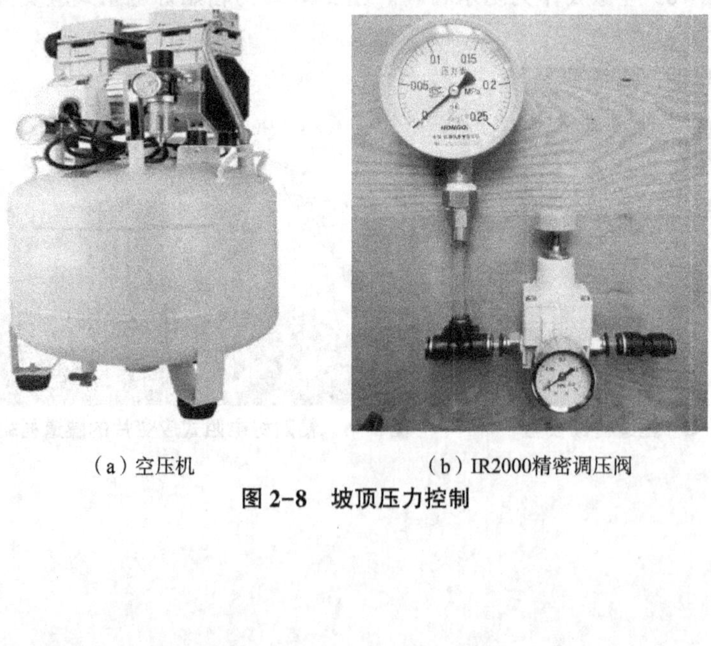

（a）空压机　　（b）IR2000精密调压阀

图 2-8　坡顶压力控制

2.3　模型试验中黄土与泥岩的参数

在黄土泥岩二元地质边坡傍山隧道模型试验中，边坡上部选用黄土，边坡下部选用泥岩，边坡土体的物理力学参数由常规土工试验测得，测量结果见表 2-1。

表 2-1　黄土及重塑泥岩物理力学参数

土体	试验密度/(g/cm^3)	试验含水率/%	干密度/(g/cm^3)	比重 G_s	黏聚力/kPa	内摩擦角/(°)
黄土	1.33	11.00	1.25	2.72	30.00	18.10
泥岩	1.56	14.00	1.40	2.78	45.00	21.00

2.4　侧向变形条件下傍山隧道模型试验设计

2.4.1　试验方案设计

本试验主要研究侧向变形条件下，边坡不同破坏模式对黄土泥岩二元地质边坡中傍山隧道衬砌的受力变形与承载特性造成的影响规律。模型试验选择黄土泥岩二元地质边坡中傍山隧道进行模拟，模型上部为黄土，下部为泥岩（模拟黄土下部的基岩）。本试验通过设计有无滑动面和不同位置处滑动面的不同工况来进行研究，共设计 4 种工况，具体设计方案如图 2-9 所示。

（1）工况 1-1 如图 2-9（a）所示，隧道位于边坡上部黄土中；

（2）工况 1-2 如图 2-9（b）所示，隧道位于边坡黄土区域潜在滑动面上；

（3）工况 2-1 如图 2-9（c）所示，隧道位于边坡中黄土泥岩交界面处；

（4）工况 2-2 如图 2-9（d）所示，隧道位于黄土泥岩交界面和潜在滑动面上。

这 4 种工况中边坡模型高度为 1 250 mm，其中基底高度为 150 mm，坡顶平台长 1 000 mm，边坡坡度为 60°，坡脚水平地基长 404 mm。边坡模型模拟二元地层，分为上下两个部分，上部为黄土，下部为泥岩，黄土泥岩交界面倾斜坡度为 8°。考虑模型箱尺寸，边坡中隧道模型垂直于顺坡方向，整体宽度均为 640 mm。

本试验中采用的傍山隧道模型尺寸见表 2-2。

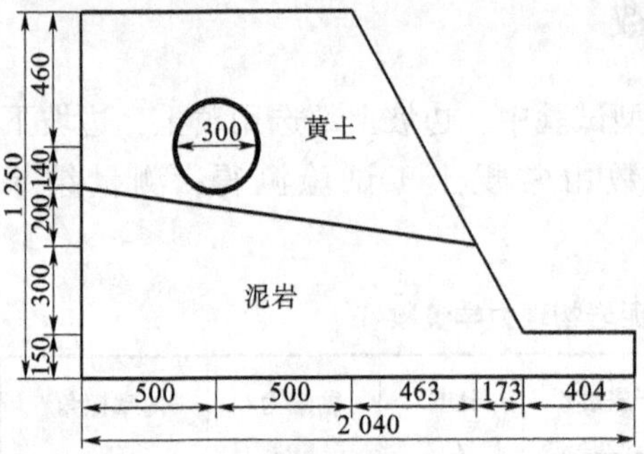

（a）工况1-1

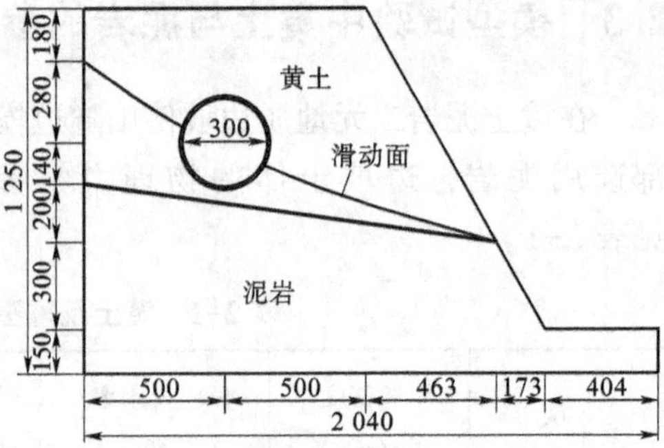

（b）工况1-2

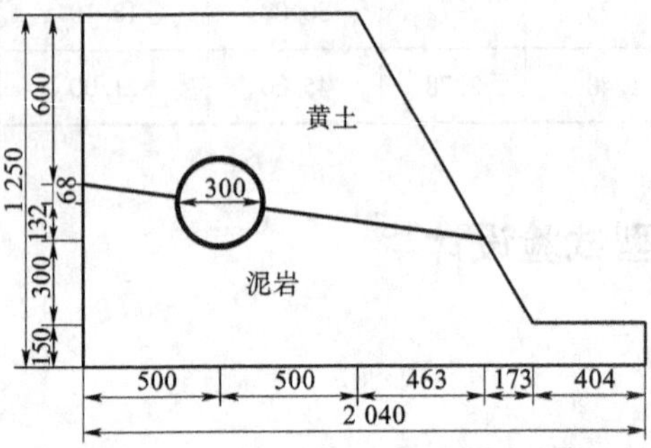

（c）工况2-1

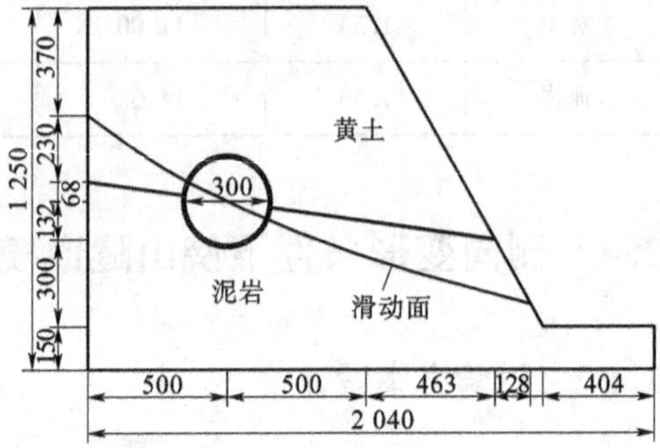

（d）工况2-2

图 2-9　侧向变形条件下傍山隧道模型试验方案设计

表 2-2　傍山隧道模型尺寸

隧道长/mm	衬砌厚度/mm	隧道直径/mm	边坡高度/mm	坡度/(°)
640	10	300	1 250	60

2.4.2　模型试验的量测方案

模型试验中，除了观测坡体的破坏现象与隧道衬砌的变形情况外，还使用土压力计、位移传感器、应变片等来量测坡体内的土压力、坡面的位移及隧道衬砌的应变。

1. 土压力计布设方案

基于上述 4 种试验工况，根据试验不同要求，分别设计不同的土压力计布设图，如图 2-10 所示。

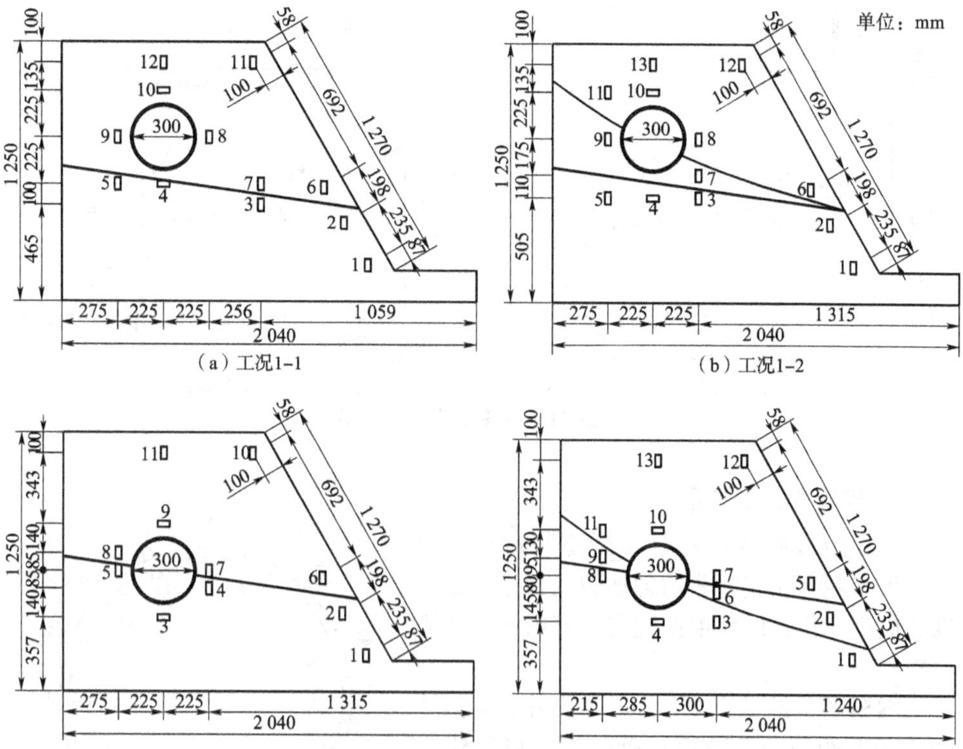

（a）工况1-1　（b）工况1-2

（c）工况2-1　（d）工况2-2

图 2-10　土压力计布设图

2. 位移传感器布设方案

基于上述 4 四种试验工况，根据试验不同要求分别设计不同的位移传感器布设方案，如图 2-11 所示。位移传感器通过自锁式支架被固定在模型箱中。

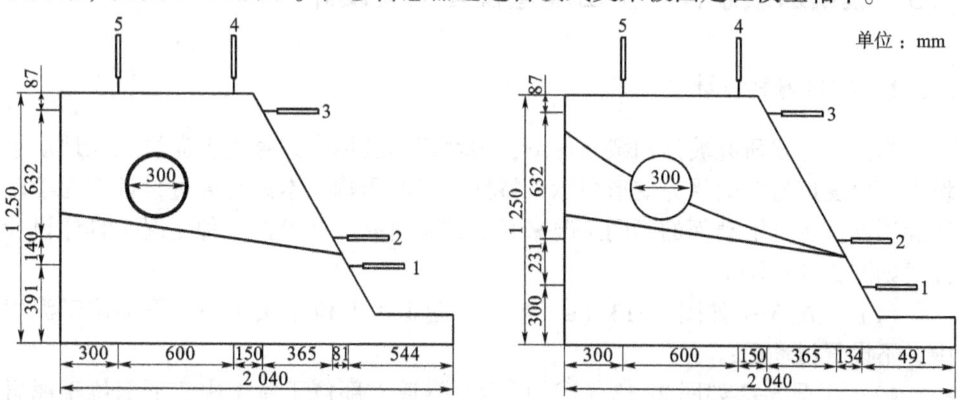

（a）工况1-1　（b）工况1-2

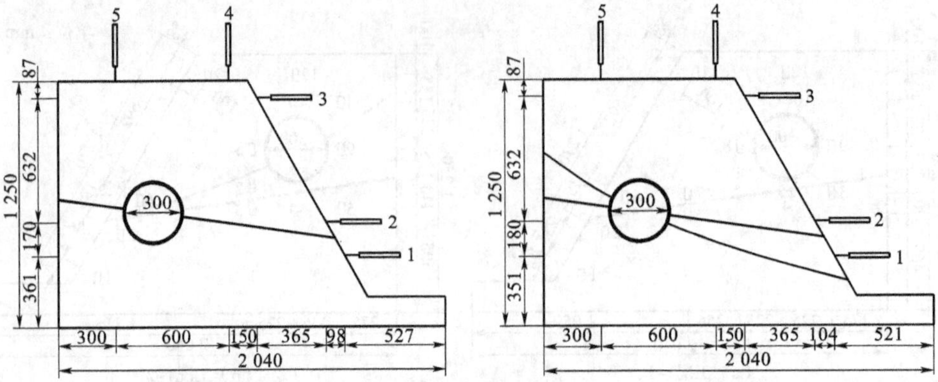

（c）工况2-1　　　　（d）工况2-2

图 2-11　位移传感器布设图

3. 应变片布设方案

本试验将应变片布设于隧道衬砌内外两侧，用于观测在侧向非均匀加载条件下隧道衬砌的应变变化，以期根据应变反算衬砌应力和弯矩。

本模型试验共需要 32 个应变片，将其中 16 个等间距布设于隧道衬砌外侧，将另外 16 个等间距布设于隧道衬砌内侧，并与外侧应变片一一对应。外侧点位编号用 A1～A16 表示，内侧点位编号用 B1～B16 表示。具体布设方案如图 2-12所示。

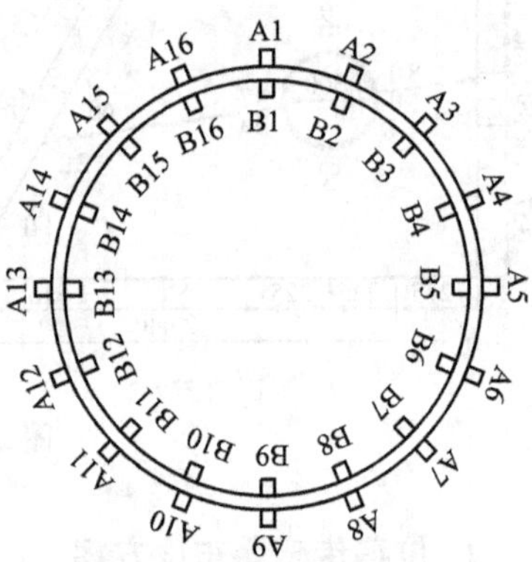

图 2-12　应变片布设图

2.5　坡顶加载条件下傍山隧道模型试验设计

2.5.1　试验方案设计

本试验主要研究坡顶加载条件下，边坡不同破坏模式对黄土泥岩二元地质边坡中傍山隧道衬砌的受力变形与承载特性造成的影响。本试验通过设计有无滑动面和不同位置处滑动面的不同工况来开展试验研究，共设计 4 种工况，具体设计方案如图 2-13 所示。

（1）工况 3-1 如图 2-13（a）所示，隧道上部位于黄土中，下部位于泥岩中，不设置滑动面；

（2）工况 3-2 如图 2-13（b）所示，隧道上部位于黄土中，下部位于泥岩中，滑动面位于隧道上方；

（3）工况 3-3 如图 2-13（c）所示，隧道上部位于黄土中，下部位于泥岩中，滑动面贯穿隧道上拱部；

（4）工况 3-4 如图 2-13（d）所示，隧道上部位于黄土中，下部位于泥岩中，滑动面贯穿隧道中心。

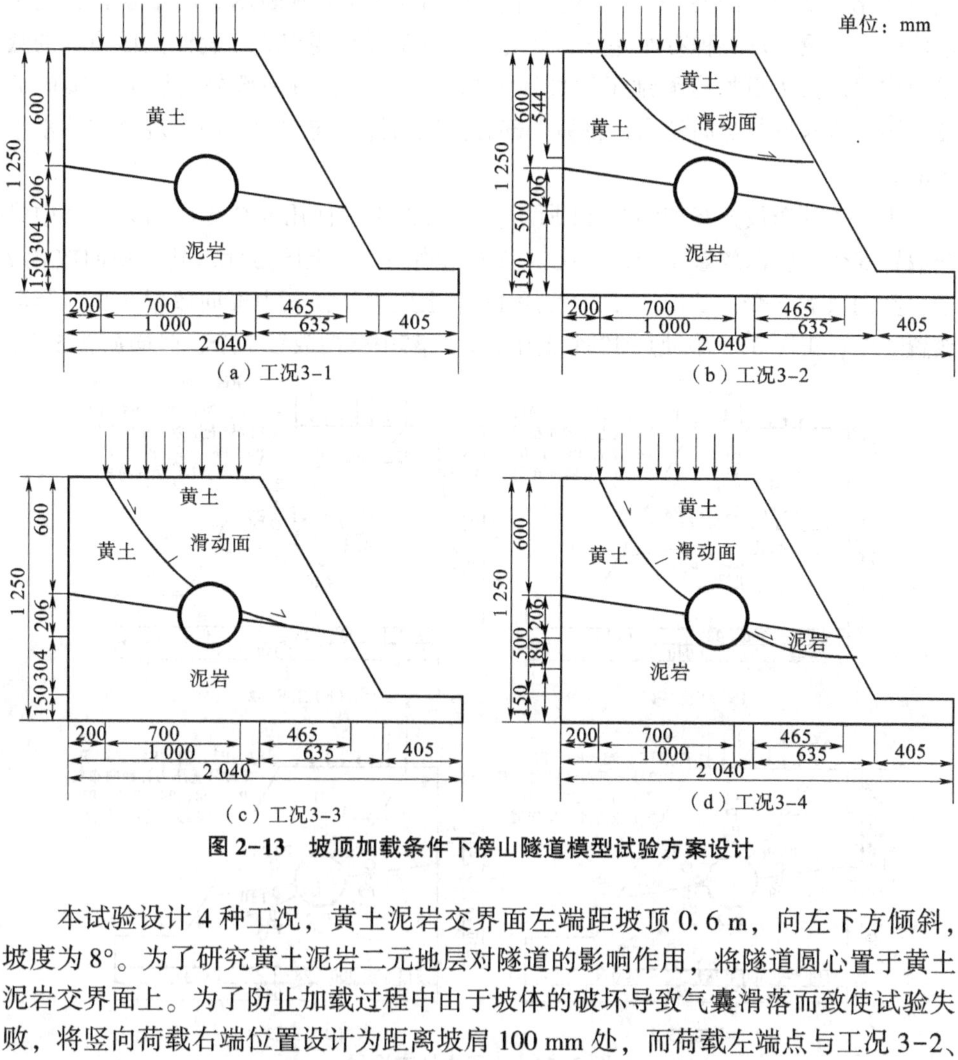

图 2-13　坡顶加载条件下傍山隧道模型试验方案设计

本试验设计 4 种工况，黄土泥岩交界面左端距坡顶 0.6 m，向左下方倾斜，坡度为 8°。为了研究黄土泥岩二元地层对隧道的影响作用，将隧道圆心置于黄土泥岩交界面上。为了防止加载过程中由于坡体的破坏导致气囊滑落而致使试验失败，将竖向荷载右端位置设计为距离坡肩 100 mm 处，而荷载左端点与工况 3-2、工况 3-3、工况 3-4 中滑动面左端起始点重合，便于模拟滑坡的产生。

2.5.2　模型试验的量测方案

模型试验过程中，除了观测坡体的破坏现象与隧道衬砌的变形情况，还使用土压力计、位移传感器、应变片等来量测坡体内的土压力、坡面的位移及隧道衬砌的应变。

1. 土压力计布设方案

本次试验将土压力计布置于边坡内，用于观测坡顶竖向加载情况下边坡内的应力变化。试验共需要 13 个土压力计，用 P1 ~ P13 分别表示。由于 4 种工况下坡体的受力及变形过程有所差异，针对不同的工况需要相应地设计土压力计的数量及位置。为了更加全面地了解坡体内的应力变化，将一部分土压力计横向放置，用于观测坡体竖向应力，将另一部分土压力计竖向放置，用于观测坡体水平向应力。

土压力计布设方案如图 2-14 所示。工况 3-1 中使用 9 个土压力计，其中横向放置 5 个，竖向放置 4 个；工况 3-2 中使用 12 个土压力计，其中横向放置 7 个，竖向放置 5 个；工况 3-3 中使用 11 个土压力计，其中横向放置 7 个，竖向放置 4 个；工况 3-4 中使用 12 个土压力计，其中横向放置 7 个，竖向放置 5 个。

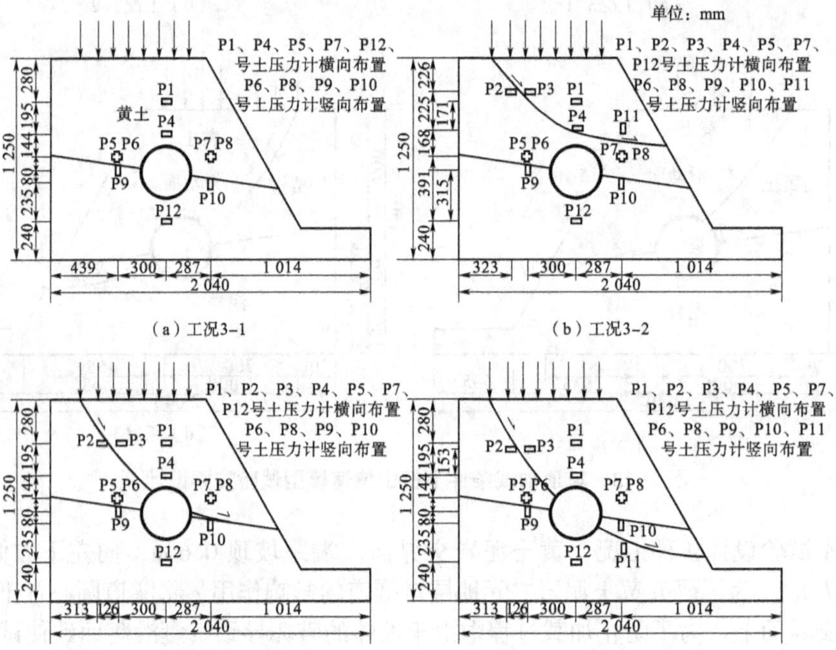

图 2-14　土压力计布设图

2. 位移传感器布设方案

本次试验将位移传感器布设于坡面，用于观测坡顶竖向加载情况下边坡坡面的横向位移。试验共需要 3 个位移传感器，用 A1、A2、A3 分别表示。考虑到 4

种工况坡面存在差异，位移传感器的具体布设方案如图 2-15 所示。图 2-15 中，A1 用于观测边坡坡肩处的横向位移，A2 用于观测黄土泥岩交界面上部的横向位移，A3 用于观测黄土泥岩交界面下部的横向位移。

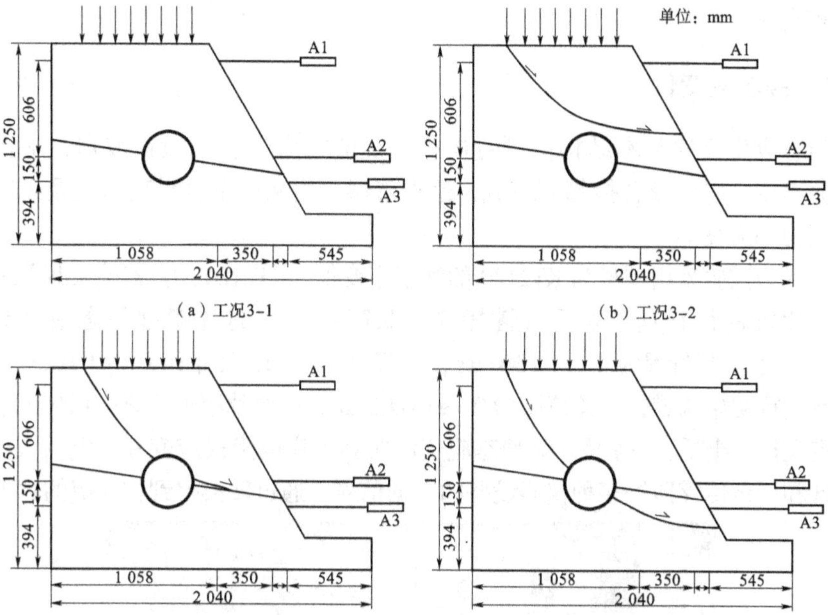

（a）工况3-1　（b）工况3-2　（c）工况3-3　（d）工况3-4

图 2-15　位移传感器布设图

3. 应变片布设方案

本次试验将应变片布设于隧道衬砌内外两侧，用于观测在坡顶加载条件下隧道衬砌的应变变化，以期根据应变反算衬砌应力和弯矩。

本次试验共需要 32 个应变片，将其中 16 个等间距布设于隧道衬砌外侧，将另外 16 个等间距布设于隧道衬砌内侧，并与外侧应变片一一对应，点位编号用 S1 ~ S16 表示。具体布设方案如图 2-16所示。

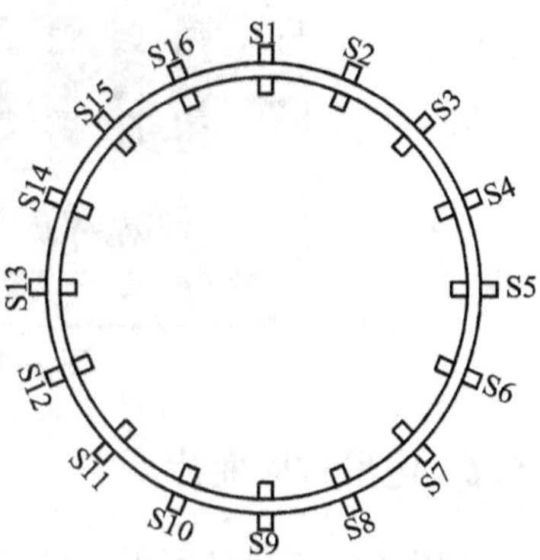

图 2-16　应变片布设图

2.6　模型试验测试系统

本书中的模型试验采用多种传感器及配套软件采集试验数据，包括静态应变仪、电阻式应变片、拉杆式直线位移传感器、电阻式微型土压力计和边坡位移示踪点。其中电阻式应变片、电阻式微型土压力计和拉杆式直线位移传感器通过静态应变仪与计算机连接，计算机需要安装与静态应变仪相配套的软件，通过软件采集相关数据，最后以 Excel 格式输出数据，以便后期进行处理分析。

2.6.1 静态应变仪

静态应变仪的基本结构由测量电桥、交流放大器、相敏检波器、平衡指示器、振荡器、电源及转换箱等组成，这类仪器可用来测量材料变形量及工程结构件的应力和应变。

本模型试验采用型号为 KT2120 的静态应变仪。KT2120 型静态应变仪是一种用内置单片机进行管理、采用按键操作、双窗口显示的智能型静态应变仪，如图 2-17所示。其量程为 0~±30 000 με，分辨率为 1 με，测量误差小于 0.3%FS，对平衡键进行初始调零，平衡范围为 0~±15 000 με，应变片阻值为 60~1 000 Ω，桥路形式有全桥、半桥、1/4 桥。该静态应变仪能够采集电阻式应变片、电阻式微型土压力计和位移传感器等多种仪器设备的数据信号，通过转换得到相对应的数据。

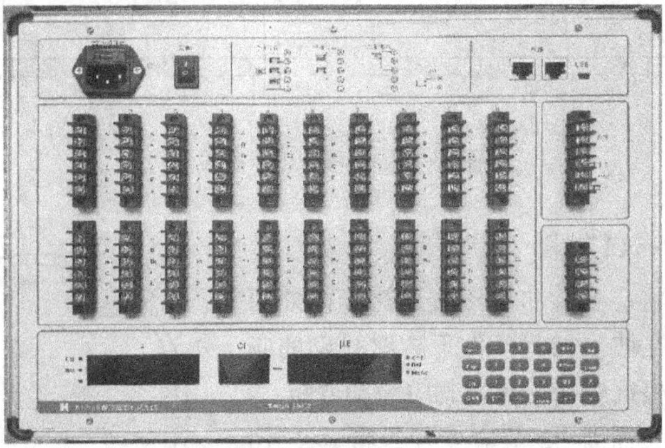

图 2-17　KT2120 型静态应变仪

2.6.2 电阻式应变片

电阻式应变片是用于测量应变的元件，它能将机械构件上的应变转换为电阻变化。电阻式应变片由直径为 0.02~0.05 mm 的康铜丝或镍铬丝绕成栅状（或将很薄的金属箔腐蚀成栅状）夹在两层绝缘薄片中（基底）制成。将镀银铜线与应变片丝栅连接，作为电阻片引线。将电阻式应变片粘贴在构件上，当构件受力变形时，金属丝的长度和横截面积也随着构件一起变化，进而发生电阻变化。通过检测电阻值变化量，转换得到构件在粘贴应变片处的应变值。

根据隧道衬砌模型尺寸及试验要求，本模型试验采用如图 2-18 所示的 BX120-10AA 型免焊电阻式应变片，其构造如图 2-19 所示，金属栅丝规格为 10 mm×2 mm，基底尺寸为 15 mm×4 mm，基底材料为缩醛类。该电阻式应变片分辨力高、误差小、尺寸小、重量轻、量程大，能够较好地与构件粘黏，在本模型试验中能够较好地反映隧道应变的变化。

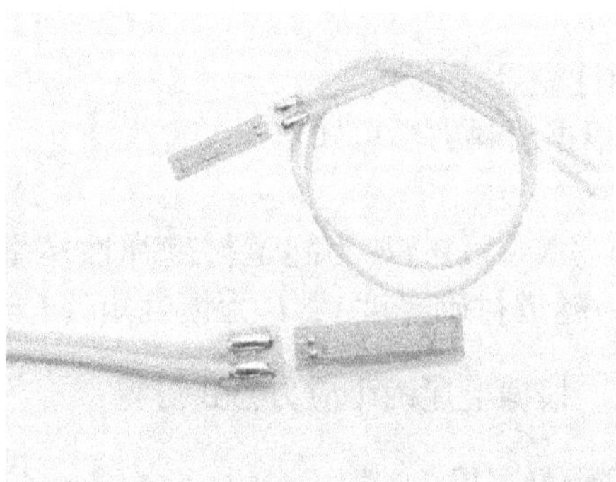

图 2-18　BX120-10AA 型免焊电阻式应变片

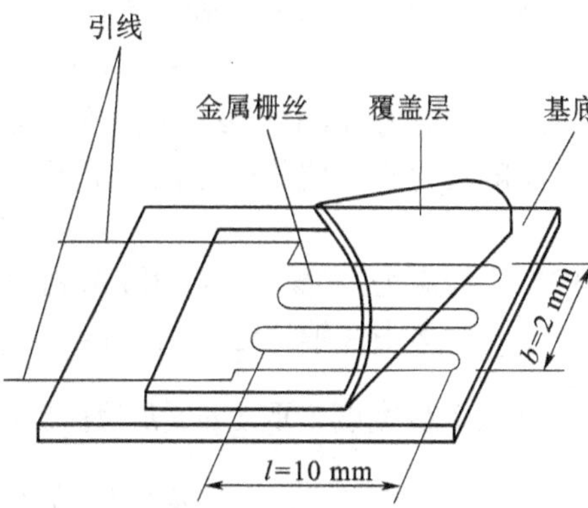

图 2-19　电阻式应变片构造

BX120-10AA 型电阻式应变片与静态应变仪的连接方式为 1/4 桥，具体连接方式如图 2-20 所示。

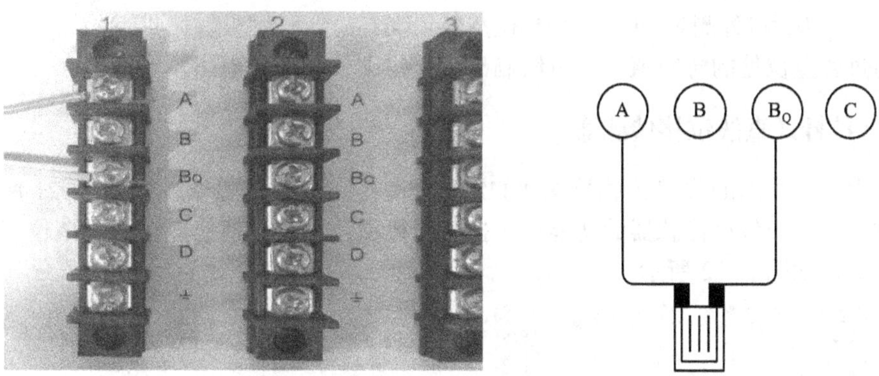

（a）实物连接图　　（b）接线原理示意图

图 2-20　电阻式应变片与静态应变仪连接图

电阻式应变片沿着隧道衬砌模型横截面圆周等间距布设粘贴。在贴设电阻式应变片之前需要保证其完好，能够正常采集数据。利用万用表对电阻式应变片进行检测，测量其电阻值，当测得其电阻值为 120 Ω 左右时，认为电阻式应变片完好。将电阻式应变片粘贴完毕以后，再次检测，保证电阻式应变片可以正常工作。待全部电阻式应变片粘贴完毕以后，将电阻式应变片与静态应变仪连接，用手按压隧道衬砌模型，通过计算机采集数据，再次检测所有电阻式应变片能否正常工作。至此隧道衬砌模型制备完毕，留待使用。每次填筑不同工况边坡中隧道模型前，都需要检测所有电阻式应变片能否正常工作，若发现存在损坏的电阻式应变片，需要及时更换。

静态应变仪采集到的隧道衬砌模型上应变片数据为应变值。为了更加直观地反应隧道衬砌在加载条件下的受力情况，将采集到的应变值转化为隧道衬砌的弯矩值。

隧道应力与采集到的应变值有如下关系：

$$\sigma = \varepsilon \times E \times 10^{-6} \tag{2-1}$$

式中：σ 为应力（Pa），ε 为应变值，E 为弹性模量（Pa）。

将隧道衬砌单位截面近似为矩形截面，根据材料力学可知：

$$\sigma = M \cdot y / I_z \tag{2-2}$$

式中：σ 为应力（Pa），M 为隧道衬砌弯矩（N·m），E 为隧道衬砌弹性模量（Pa），y 为离中性轴最远距离（$y=h/2$，h 为隧道衬砌厚度），I_z 为惯性矩（$I_z=\frac{bh^3}{12}$，b 为单位宽度，取 1 m，h 为衬砌厚度）。根据上述两个应力公式可得：

$$M = 2\sigma bh^2/12 = 2E\varepsilon bh^2/12 \tag{2-3}$$

本次试验中在隧道衬砌模型内外两侧均有贴设电阻式应变片，根据内外所得应变的平均值可得隧道衬砌弯矩公式：

$$M = E(\varepsilon_i - \varepsilon_e)bh^2/12 \tag{2-4}$$

式中：M 为隧道衬砌弯矩（N·m），E 为有机玻璃的弹性模量（Pa），ε_i 为衬砌内侧应变值，ε_e 为衬砌外侧应变值，b 为单位宽度（取 1 m），h 为隧道衬砌厚度（m）。

通过各点位处的弯矩值，即可绘制出隧道衬砌横断面弯矩图。

2.6.3 拉杆式直线位移传感器

本次试验采用的位移传感器为 KTM 拉杆式直线位移传感器，如图 2-21 所示。拉杆式直线位移传感器的功能在于把直线机械位移量转换成电信号，该位移传感器原理如图 2-22 所示。

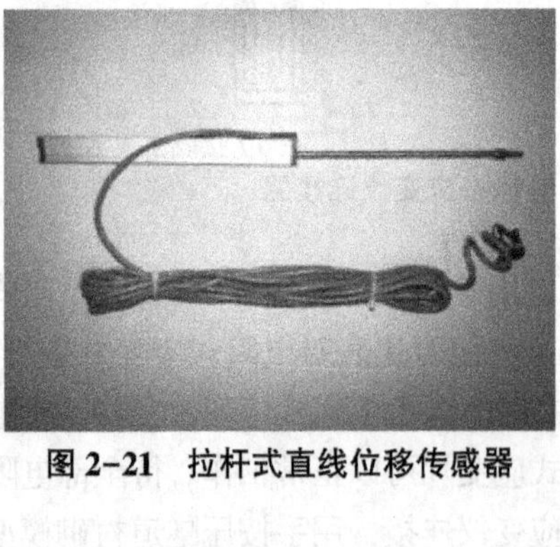

图 2-21　拉杆式直线位移传感器

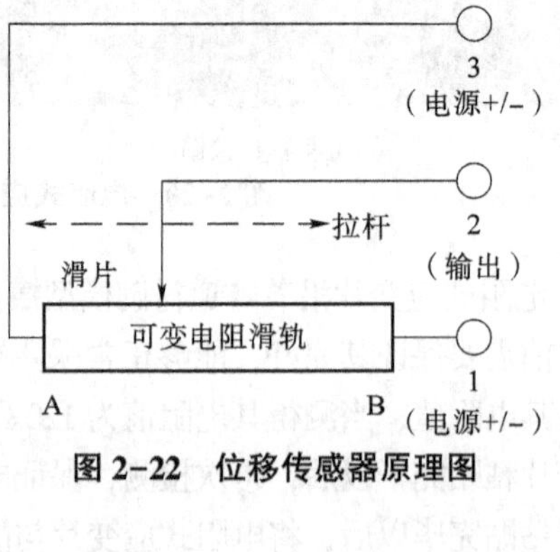

图 2-22　位移传感器原理图

该位移传感器将可变电阻滑轨定置在传感器的固定部位，端口 1、2 之间的电阻值随着滑片在滑轨上的移动而改变。拉杆一端连接滑片，另一端与被测物连接。可变电阻滑轨通过端口 1、3 连接稳态直流电压，允许流过微安培电流，端口 1、2 之间的电压与滑片和可变电阻滑轨 B 端之间的电阻相关。通过监测端口 1、2 之间的电压的变化量换算得到拉杆位移的变化量，进而获得被测物的位移量。

拉杆式直线位移传感器与静态应变仪的连接方式为半桥，位移信号采集方式为三线变阻器，具体连接方式如图 2-23 所示。

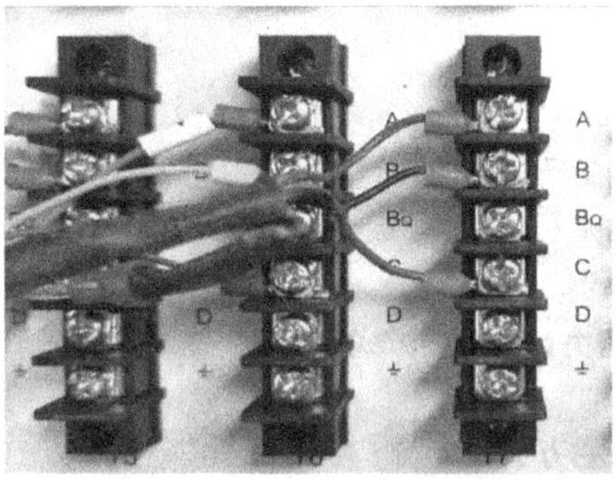

（a）实物连接图

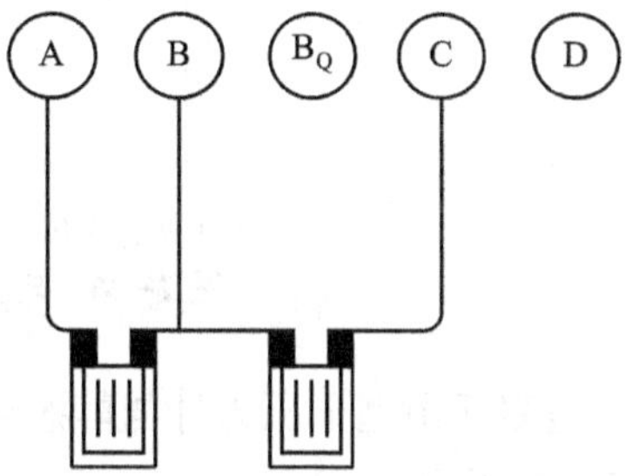

（b）接线原理示意图

图 2-23　拉杆式直线位移传感器与静态应变仪连接图

2.6.4　电阻式微型土压力计

电阻式微型土压力计用于岩土工程中介质内应力的测量，以及围岩与支护结构之间、喷射混凝土与现浇混凝土之间接触应力的测量。

本次试验采用电阻式微型土压力计，如图 2-24 所示。该电阻式微型土压力计量程为 0~50 kPa，灵敏度系数为 2.0，阻抗为 350 Ω。该电阻式微型土压力计构造如图 2-25 所示，由受力膜、电阻应变片、接线板、导线、外壳和电缆线等组成。

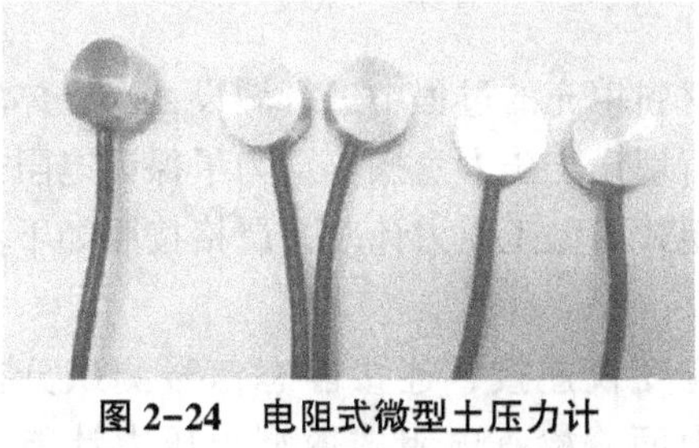

图 2-24　电阻式微型土压力计

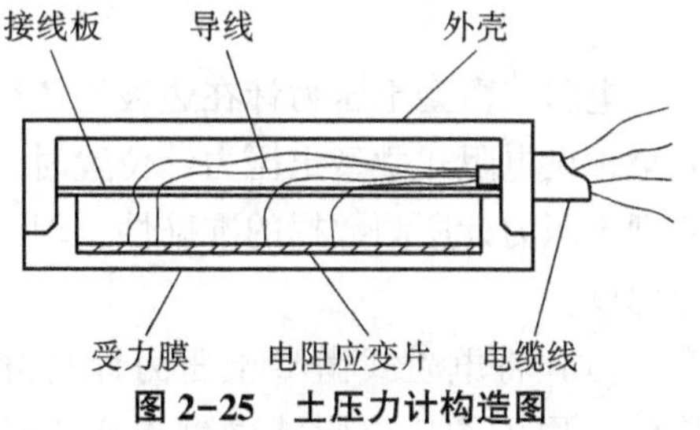

图 2-25　土压力计构造图

电阻式微型土压力计有正反两面，正面是受力面，在埋设时要注意将受力面与结构物的受力面齐平。电阻式微型土压力计采集到的数值不是土压力值，而是应变值，可按下列计算公式转换为土压力：

$$p = \varepsilon \times K \times 10^{-6} \tag{2-5}$$

式中：p 为压力值（kPa），ε 为应变值，K 为率定系数。

电阻式微型土压力计的连接方式如图 2-26 所示。

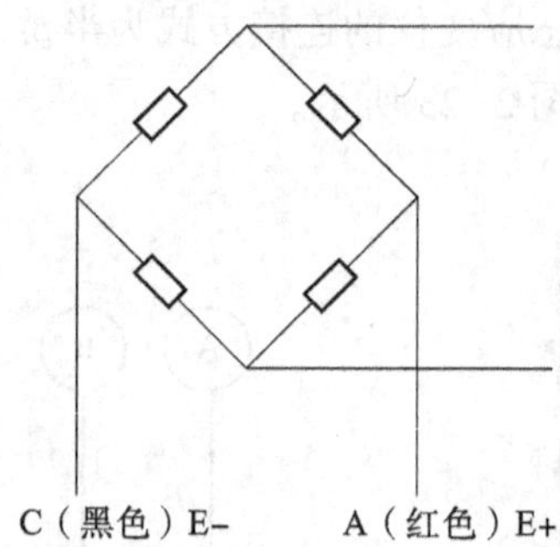

图 2-26　电阻式微型土压力计的连接方式

电阻式微型土压力计与静态应变仪的连接方式为全桥方式，具体连接方式如图 2-27 所示。

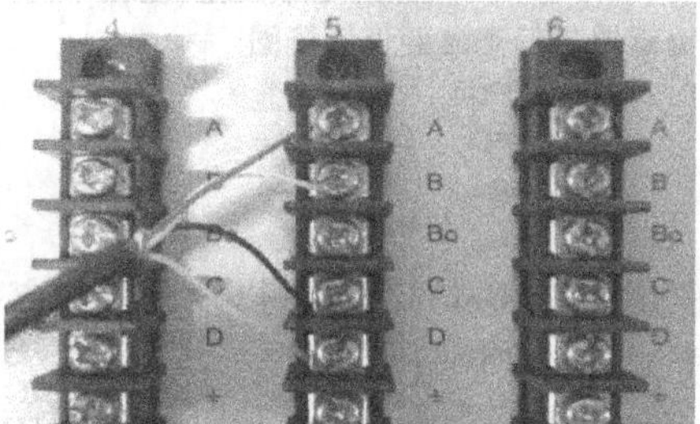

（a）实物连接图

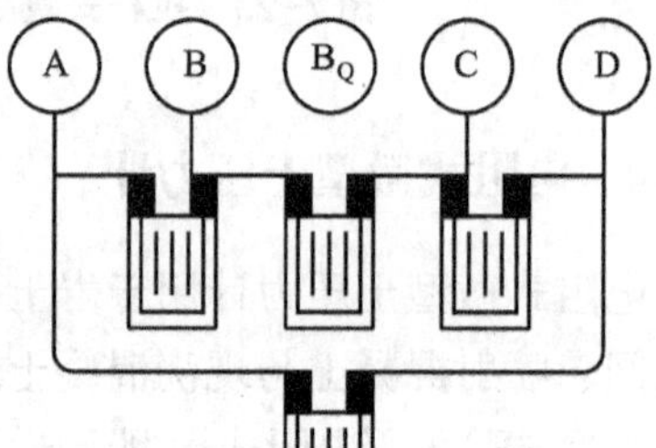

（b）接线原理示意图

图 2-27　电阻式微型土压力计与静态应变仪连接图

电阻式微型土压力计在边坡土体模拟材料填充的过程中进行埋设，当土体填充至预设电阻式微型土压力计位置时，进行埋设土压力盒操作。为了保证电阻式微型土压力计所测数据的准确性，埋设电阻式微型土压力计时，严格按照如下流程埋设：

(1) 将电阻式微型土压力计与静态应变仪连接，连接静态信号测试分析软件，用手按压电阻式微型土压力计受力面，检查电阻式微型土压力计能否正常工作。

(2) 定位电阻式微型土压力计埋设位置，在标记处挖出边长约 5 cm 的方形孔，保证孔底平整。

(3) 将电阻式微型土压力计置于孔内，按照采集数据要求调整电阻式微型土压力计受力面方向。

(4) 在电阻式微型土压力计四周填入标准砂，以盖过电阻式微型土压力计为准，轻轻压实，保证模型土体的土压力均匀地施加到电阻式微型土压力计受力面。

(5) 最后将土体回填至孔内，压实，注意保护电阻式微型土压力计电缆线与电阻式微型土压力计外壳的连接处，电阻式微型土压力计电缆线贴近模型边缘顺出，防止加载过程中由于土体变形导致电缆线受拉破坏，影响试验结果。

(6) 将埋设好的电阻式微型土压力计再次与静态应变仪连接，检查其是否能正常工作，如有损坏，及时更换。

2.6.5 边坡位移示踪点

为了在试验过程中通过模型箱钢化玻璃一侧能更加直观地观测模型试验的变形或破坏现象，分析傍山隧道模型内部位移、变形及边坡开裂情况，在傍山隧道各个工况中模型填筑过程中，在模型靠钢化玻璃一侧，埋设示踪点，示踪点由钉帽直径为 19 mm 的铁质平头钉粘贴 20 mm×20 mm 硬纸片制成，平头钉钉长加长，保证平头钉跟随边坡土体同步移动。平头钉及示踪点布设如图 2-28所示。

（a）平头钉　　　　（d）示踪点布设

图 2-28　平头钉及示踪点布设

针对不同的工况，需要根据不同的试验需求设计各工况示踪点布置。同时，也需要根据前期试验效果，随时调整后期试验示踪点布置。侧向变形条件下各工况下边坡位移示踪点布置图如图 2-29 所示。

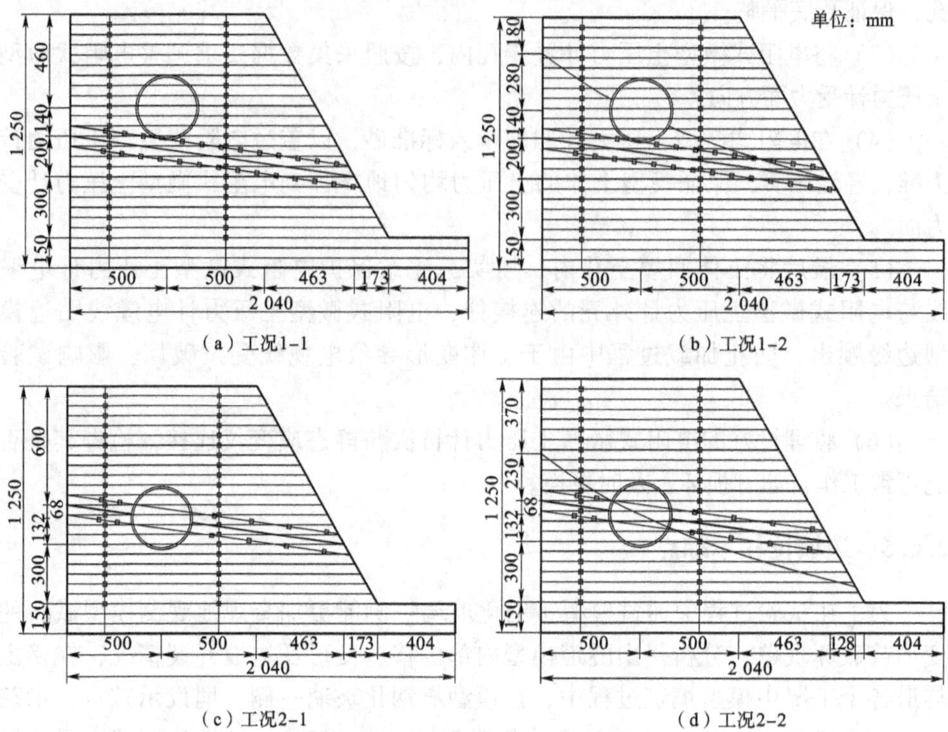

图 2-29　侧向变形条件下各工况下边坡位移示踪点布置图

2.7　傍山隧道模型试验操作

2.7.1　傍山隧道模型中应变片的粘贴工作

傍山隧道衬砌模型上应变片的粘贴工作应在模型试验的准备阶段进行，整个过程如图 2-30 所示，主要步骤包括：

(1) 确定应变片在隧道衬砌上的粘贴位置；

(2) 打磨相应位置，除去表面的氧化层等保护膜；

(3) 使用酒精顺着一个方向对打磨位置进行擦拭，使粘贴位置保持洁净；

(4) 使用 502 胶水将应变片粘至布设位置，并用手按压，使其与隧道衬砌充分粘接；

(5) 为了防止隧道衬砌模型在被埋入坡体后，应变片出现受潮损坏，影响试验的进行，在应变片表面涂抹一层 705 硅橡胶，使用吹风机加速硅橡胶固化。

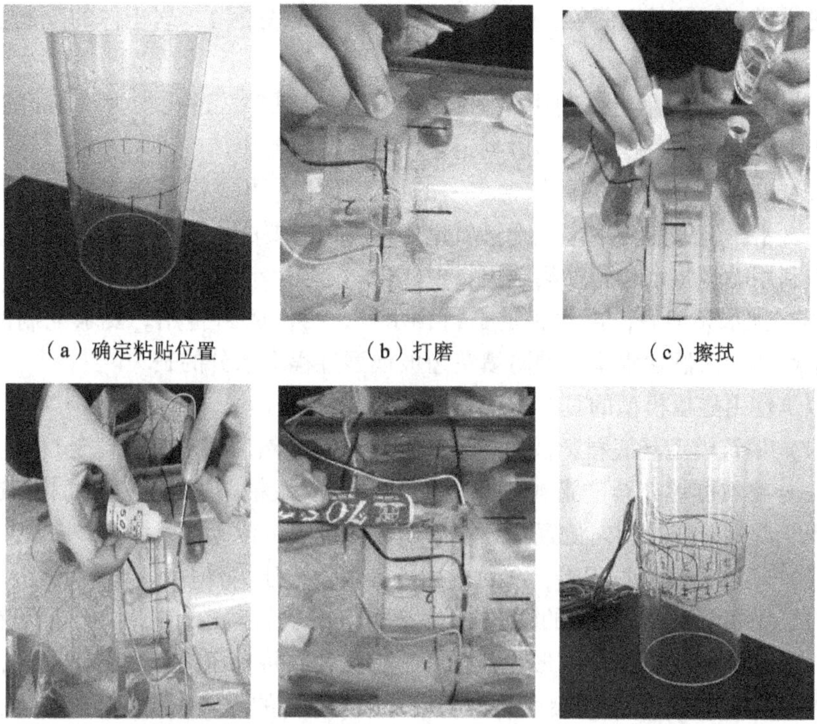

（a）确定粘贴位置　（b）打磨　（c）擦拭

（d）粘贴　（e）防潮　（f）完成粘贴工作

图 2-30　应变片粘贴过程

2.7.2　傍山隧道模型与模型箱边壁减阻处理

除了模型相似比尺需要提前考虑之外，在傍山隧道模型试验中还有一个必须要处理的问题，就是边界效应。傍山隧道模型与模型箱边壁会产生摩擦阻力，为了克服边壁摩擦阻力，需要一定的减阻措施，这样才能保证监测数据的可靠性。

在本次试验中需要处理的边界条件主要是傍山隧道模型与模型箱前、后面板之间的接触面。在制备模型前，首先需要清洁模型箱两侧及前后边壁表面，然后在边壁涂抹一层薄薄的润滑油，最后覆盖上一层透明的塑料薄膜。通过凡士林减小薄膜与箱体边壁之间的摩擦阻力，以期达到减小模型箱两侧壁边界摩阻效应对试验的不利影响。

2.7.3　侧向变形条件下傍山隧道的模型试验操作

1. 傍山隧道模型填筑要点

在进行黄土泥岩二元地质边坡中傍山隧道模型的填筑时，首先要进行边坡模型土体的配制。配制土体时，要保证模型土体能够尽量还原边坡原型土体，提高傍山隧道模型试验的可靠性。模型岩土材料参数见表 2-1，岩土体的配制主要分为以下几步。

（1）选取试验用土，利用碎土锤等工具将土碾碎，过孔径为 5 mm 的土筛，利用小型搅拌机将其搅拌均匀后测定含水率，密封备用。

（2）称取一定质量的已知含水率的试验用土，再次将其倒入搅拌机，根据测定的含水率、天然含水率及土料质量，计算出需要配水的质量，在搅拌机转动过程中利用喷壶将水均匀喷洒至土料中。

（3）配水完毕后，再次测定土料含水率，再次密封备用。要求配制的土料含水率略大于天然含水率，预防填筑边坡模型过程中水分的丧失。

填筑傍山隧道模型的具体过程如下。

（1）填筑模型基底材料及边坡底部泥岩材料，然后填充上部黄土材料。

（2）将坡体填充至隧道衬砌预定高度后，放入粘贴好电阻应变片的隧道衬砌模型，调整应变片朝向位置，方便后期数据采集定位。

（3）填筑土体的过程中，在对应测点处埋设土压力计。

为了保证土压力计测得的数据准确，埋设土压力计时，首先利用小铲子在标记处挖一个边长约为 5 cm 的方形孔，孔底平整；其次将土压力计放置于孔内，调整土压力计受力方向，保证其受力方向与设计采集压力的方向一致；然后在土压力计正反两侧填入标准砂，轻轻压实，从而保证模型土体的土压力均匀地施加到土压力计受力面；最后将土体回填至孔内，压实。土压力计埋置过程如图 2-31 所示。

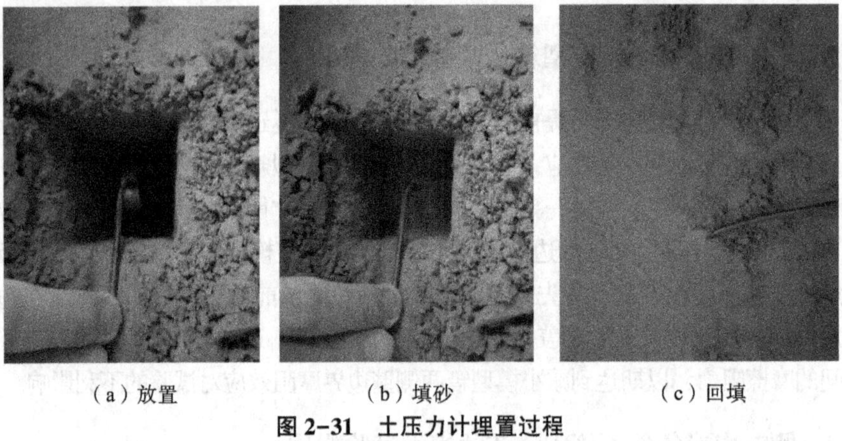

（a）放置　　（b）填砂　　（c）回填

图 2-31　土压力计埋置过程

（4）填充坡体过程中，根据示踪点布置图逐层埋设示踪点。

在傍山隧道模型填筑过程中，注意保护电阻应变片不被损坏，电阻应变片导线集束从模型箱内部贴近背板位置引出，微型土压力计导线以同样的方式引出，将传感器导线对模型的影响降到最低，同时保证试验加载过程中，传感器导线不会由于土体变形而拉坏，从而影响模型试验结果。

边坡土体的填充采用分层填筑方法，按照每层 5 cm 的厚度进行填筑。填筑过程中，测量填筑区域的体积，根据设计的土体干密度及含水率计算所需土料质量，将松散土料均匀平铺在填筑区域，利用夯锤等工具将土料击实至 5 cm 厚度，理论上此时土体的密度与设计密度基本一致。填筑每一层土体之前，需对前一层土体表面进行刮毛处理，保证边坡整体的均匀性和整体性。

2. 传感器连接

本次试验中各种采集数据所用传感器数量：电阻式应变片 32 个，微型土压力计 13 个，拉杆式直线位移传感器 5 个，连接静态应变仪时需要总计 50 个连接通道。

隧道衬砌模型内外两侧电阻式应变片、微型土压力计和拉杆式直线位移传感器按编号依次接入同一台静态应变仪，静态应变仪和计算机连接。试验启动时，同时启动计算机软件采集，最终汇总数据，进行处理分析。

3. 模型试验加载

本次试验采用一种侧向非均匀加载方式，模型水平方向的位移量随着模型高度的降低而减小，直至位移量为零。本试验根据滑坡过程中上部位移大、下部位移小的特点，较真实地模拟了滑坡的实际变形特征，解决了以往整体均匀加载中边坡变形不符合实际的问题。

通过控制边坡顶部位移量进行分级加载，单级加载量为 5 cm，考虑实际情况中隧道衬砌变形量及边坡位移量，判定加载级数。针对 4 种傍山隧道模型试验工况（图 2-32）制备的模型，设计了两级加载模式。

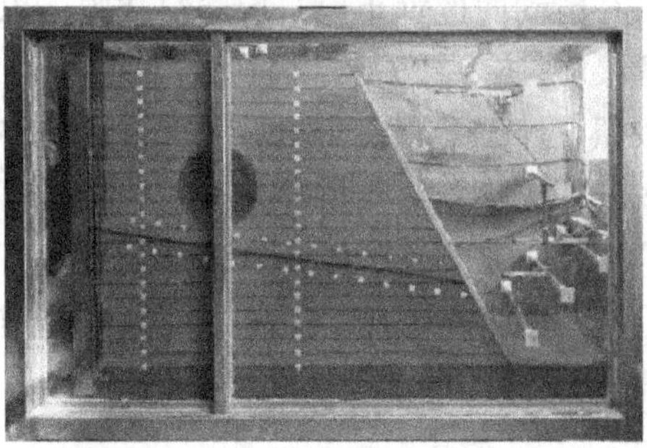

（a）工况1-1

（b）工况1-2

（c）工况2-1

（d）工况2-2

图 2-32 侧向变形条件下傍山隧道的试验模型

2.7.4 坡顶加载条件下傍山隧道的模型试验操作

1. 傍山隧道模型填筑要点

在黄土泥岩二元地质边坡傍山隧道模型试验中，边坡由泥岩（下部）和黄土（上部）构成，总重量约为 1.6 t。为了保证坡体的均匀性与稳定性，采用分层填筑的方式进行，每次的填筑高度为 5 cm，与模型箱外部刻度线相吻合，便于控制。为了加强傍山隧道模型的整体性，在填筑下一层土之前对填筑完成的土体顶面进行刮毛处理。为了保证土体的含水率保持均匀，须一边填筑边坡，一边使用搅拌机配土。

为了方便观测傍山隧道模型在坡顶加载条件下坡体的滑动变形，在坡体滑动面两侧或黄土泥岩交界面两侧埋设图钉作为示踪点。不同工况下，坡体的易受损位置不同，根据不同的工况设置了不同位置的示踪点。

其中工况 3-2、工况 3-3、工况 3-4 均为预设滑动面工况，为了使得坡体在竖向加载条件下按照预设滑动面进行滑动，在滑动面位置布设一层塑料薄膜，以模拟真实条件下滑体与坡体间滑动面的摩擦接触。

傍山隧道填筑完成后，将位移传感器按照设计方案布设于边坡坡面，然后将电阻式应变片、微型土压力计、拉杆式直线位移传感器的线捋顺并完成连接。再将顶部加载装置布设于坡顶上，完成试验填筑及布设装置阶段。坡顶加载条件下傍山隧道的试验模型如图 2-33 所示。为更清楚及准确地观察边坡的变形和隧道移位及围岩的脱空，在有机玻璃板上绘制间距为 5 cm 的水平辅助线。

2. 模型试验加载及数据监测

为了读取电阻式应变片、微型土压力计、拉杆式直线位移传感器的数据，将这些量测仪器与静态应变仪相连接。不同的仪器使用不同的桥接方式与静态应变

（a）工况3-1

（b）工况3-2

（c）工况3-3

（d）工况3-4

图 2-33　坡顶加载条件下傍山隧道的试验模型

仪相连。微型土压力计使用全桥连接，拉杆式直线位移传感器使用半桥连接，电阻式应变片使用 1/4 桥连接。本次试验统一使用静态应变仪进行模型试验数据采集，如图 2-34 所示。

图 2-34　模型试验数据采集

本次试验通过气泵加压、调压阀控压的方式来对边坡坡顶施加竖向均布荷载。调压阀从 0 开始逐级增大，每级增加 10 kPa。整个试验过程中通过摄像机记录整个破坏过程，并通过计算机连接静态应变仪，动态监控相关量测仪器的数据变化。每加一级荷载，都要对边坡整体进行观察，对出现的破坏现象进行拍照，并对破坏部位进行记录描述。待相关工作完成且试验数据趋于稳定之后，再进行下一级加载。当隧道发生较大变形，边坡产生一定程度的破坏且进一步加载未出现其他新增破坏现象时，可以终止试验。

第 3 章

侧向变形条件下傍山隧道模型试验测试与分析

针对侧向变形条件下傍山隧道的模型试验，本章以隧道衬砌为研究重点，以是否存在地层交界面、是否存在潜在滑动面为变量，设计确定 4 种模型试验研究工况，利用侧向非均匀加载装置，进行侧向加载破坏性试验，模拟研究在边坡变形过程中隧道模型的受力特性，分析隧道衬砌弯矩、隧道周围土压力及隧道衬砌破坏模式，以及近邻滑坡条件下傍山隧道衬砌的承载特性。

针对侧向变形条件下黄土泥岩二元地质边坡中傍山隧道模型试验，本章设计 4 组傍山隧道模型试验，均采用模型箱侧板在坡顶位置逐级施加水平位移的方式进行侧向加载，通过油源油缸控制液压千斤顶位移模拟荷载级数，一级荷载控制在坡顶水平方向产生的位移为 5 cm，二级荷载控制在坡顶产生的水平位移为 10 cm。

3.1 隧道位于黄土中的傍山隧道模型试验（工况 1-1）

3.1.1 试验现象

工况 1-1 为隧道位于黄土中的工况，图 3-1 即为填筑好的傍山隧道试验模型。

图 3-1 傍山隧道试验模型（工况 1-1）

1. 一级荷载（坡顶水平位移 5 cm）施加过程中傍山隧道模型试验现象

对傍山隧道模型施加一级荷载之后，变形状态如图 3-2 所示。坡体上部黄土在黄土和泥岩的交界处略有剪出，剪出量为 1 cm，而下部泥岩坡面上未发生变形。上部黄土位移较明显，在傍山隧道模型左侧，黄土位移较大，顶部位移量最大，为 5 cm，位移量自上到下逐步减少，呈近梯形分布，到黄土泥岩交界面处黄土位移量最小，为 2 cm。在傍山隧道模型右侧，黄土位移量自上而下的分布规律与左侧相似，同样呈梯形分布，顶部位移量最大，为 3 cm，黄土泥岩交界面附近位移量最小，为 1 cm。傍山隧道模型下部泥岩位移不明显，隧道衬砌模型左侧泥岩可见相对较明显位移，自上而下呈三角形分布，上部位移量最大为1 cm，底部未见明显位移，而在隧道衬砌模型右侧，泥岩位移量很小。

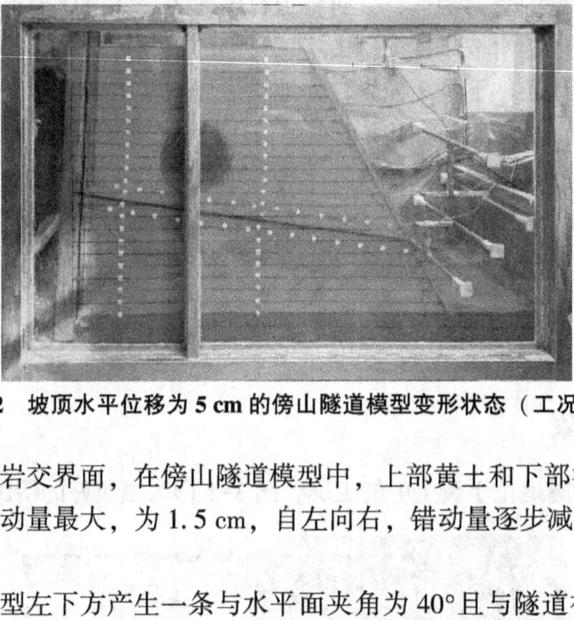

图 3-2　坡顶水平位移为 5 cm 的傍山隧道模型变形状态（工况 1-1）

沿着黄土泥岩交界面，在傍山隧道模型中，上部黄土和下部泥岩发生了相对错动，最左侧错动量最大，为 1. 5 cm，自左向右，错动量逐步减小，最小错动量为 1 cm。

隧道衬砌模型左下方产生一条与水平面夹角为 40°且与隧道衬砌模型相切的裂缝，裂缝宽约为 1 mm，长约为 21 cm。隧道衬砌模型右下方发育一条与黄土泥岩交界面近水平的裂缝，裂缝多处出现小型分叉，延伸宽度为 2～4 cm，延伸长度约为 30 cm。距模型顶部约 16 cm 深处发育接近水平方向的裂缝，长约为 40 cm，裂缝上下无错动。斜坡表面自黄土泥岩分界处向左沿与水平面夹角为 45°方向发育延伸一条裂缝，裂缝宽度为 2～10 mm。裂缝向上延伸大约 32 cm 后，角度变缓为 30°，继续延伸大约 6 cm，裂缝宽度大约为 1 mm。

隧道衬砌模型发生移位，且自身发生变形，主要存在水平方向移位，移位量为 3 cm，沿着垂直于隧道衬砌模型横截面且与水平面夹角大约为 40°的方向发生变形，变形量大约为 1 cm。

2. 二级荷载（坡顶水平位移 10 cm）施加过程中傍山隧道模型试验现象

对边坡隧道模型施加二级荷载之后，变形状态如图 3-3 所示。坡体整体变形趋势与一级荷载条件下的变形趋势一致，边坡上部黄土在黄土泥岩交界面处剪出量明显增大，新出现下部泥岩于地层交界面下方 10 cm 处剪出，此处剪出量大约为1 cm。傍山隧道模型左侧黄土顶部位移增大为 8 cm，自上而下同样呈梯形分布，逐层减小，到黄土泥岩交界面位移为 4 cm。傍山隧道模型右侧黄土位移量较左侧的小，位移量同样呈梯形分布，自上而下逐层减小，顶部位移量最大，为 7 cm，黄土位移量急剧减小，在地层交界面附近位移量最小，为 3 cm。沿着黄土泥岩交界面，傍山隧道模型最左侧错动量增大为 3 cm，自左向右，错动量逐步减小，最小错动量约为 2 cm。

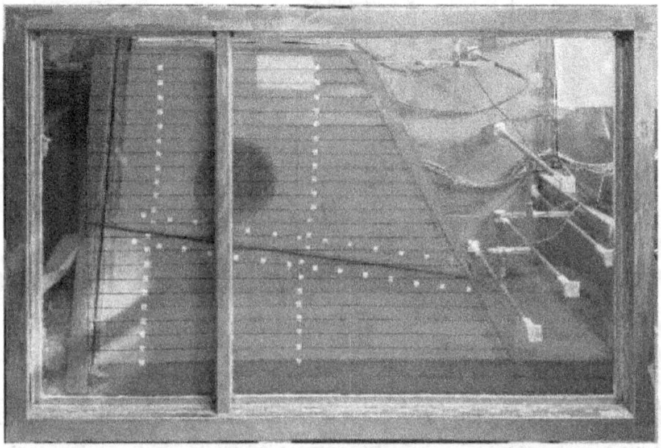

图 3-3　坡顶水平位移为 10 cm 的傍山隧道模型变形状态（工况 1-1）

隧道衬砌模型左下方裂缝基本无变化，隧道衬砌模型右下方与黄土泥岩交界面近水平的树状裂缝变化不大，仅裂缝宽度略有增加，小裂缝延伸范围基本无变化。距模型顶部约 16 cm 深处发育的裂缝基本无变化，该裂缝上方深约 10 cm 处新增一条水平裂缝，长约 35 cm，裂缝上下无错动。斜坡表面自黄土泥岩交界面处向左沿与水平面夹角为 45°方向发育延伸的裂缝，宽度增大，延伸长度增长，且周围发育树状裂缝，延伸范围为 10～15 cm，宽度大约为 1 mm。

隧道衬砌模型发生移位，且自身发生变形，移位量最大为 8 cm，隧道衬砌模型自身变形量增大为 2 cm；隧道衬砌模型右上方围岩中存在小范围脱空区域，脱空最大宽度为 2 cm。

总之，当隧道位于黄土区域且无潜在滑动面穿越时，傍山隧道模型主要沿着地层交界面发生滑动，隧道衬砌模型主要随土体发生移位，而自身变形相对较小。

3.1.2 测试数据分析

在隧道衬砌周围布置 10 号、4 号、9 号、8 号 4 个土压力计，参见图 2-10（a），各处土压力值在侧向分级加载中的响应曲线如图 3-4 所示。一级荷载条件下，隧道左右两侧和下方土压力值增大，隧道上方土压力值减小，并趋于稳定。二级荷载条件下，隧道下侧与右侧土压力值变化趋势一致，随着荷载的施加逐级增大，下侧与右侧土压力值基本重合。因隧道左侧出现裂缝，导致 9 号土压力计数值在施加二级荷载稳定之后未增大。

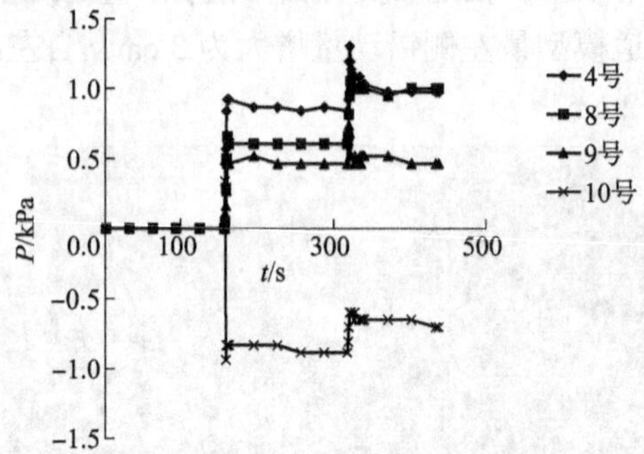

图 3-4 隧道周围土压力侧向分级加载响应曲线（工况 1-1）

模型边坡斜坡表面自下而上布置有 1 号、2 号、6 号、11 号 4 个土压力计，参见图 2-10（a），各处土压力值在侧向分级加载中的响应曲线如图 3-5 所示。在整个加载过程中，分别位于坡脚与坡肩处的 1、11 号土压力计数值变化趋势一致，两者值都很小，坡脚处土压力值略大。坡肩处土体随坡体一起运动，压缩量较小，导致土压力值变化较小。坡脚处有一定压缩量，但未发生位移，因此土压力值比坡肩处略大。斜坡表面地层交界面两侧 2 号、6 号土压力计数值变化趋势一致，一级荷载条件下，2 号、6 号两处土压力稳定值重合，施加二级荷载以后，由于上部黄土剪出，6 号土压力计数值增幅减小。

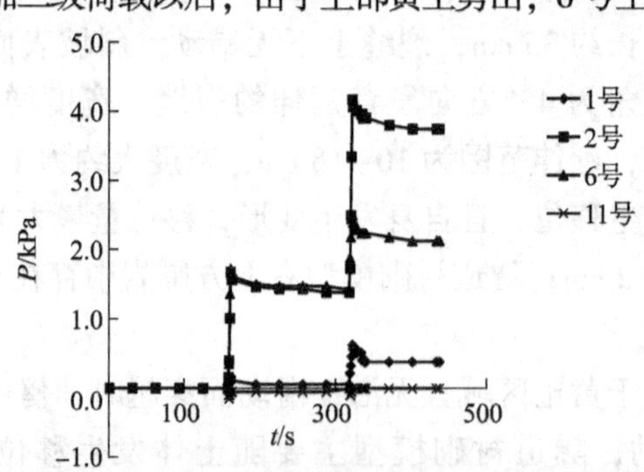

图 3-5 模型浅层土压力侧向分级加载响应曲线（工况 1-1）

模型地层交界面两侧布置有 5 号、9 号、3 号、7 号、2 号、6 号共 6 个土压力计，参见图 2-10（a），各处土压力值在侧向分级加载中的响应曲线如图 3-6 所示。其中，5 号土压力计处的土压力值明显大于其余各处的土压力值。5 号、7 号土压力计处的土压力变化趋势一致，随着荷载的施加逐级增大，其余各处土压力值在一、二级荷载条件下逐级增长。

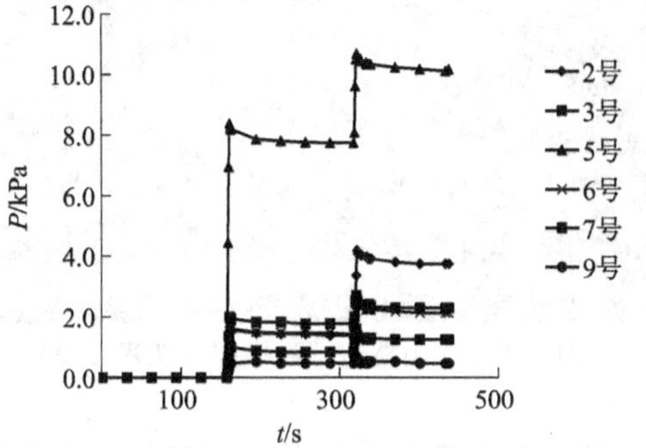

图 3-6　地层交界面土压力侧向分级加载响应曲线（工况 1-1）

边坡隧道模型布置 1 号、2 号、3 号、4 号、5 号共 5 个位移传感器，参见图 2-11（a），位移监测响应曲线如图 3-7 所示。4、5 号位移传感器分别布置在坡顶右侧和左侧，坡顶右侧下沉，坡顶左侧隆起，变化量均在 15 mm 左右。斜坡表面自下至上位移量逐渐增大，2、3 号位移传感器位于黄土区域，位移量较接近，1 号位移传感器位于泥岩区域，整体位移量较小。

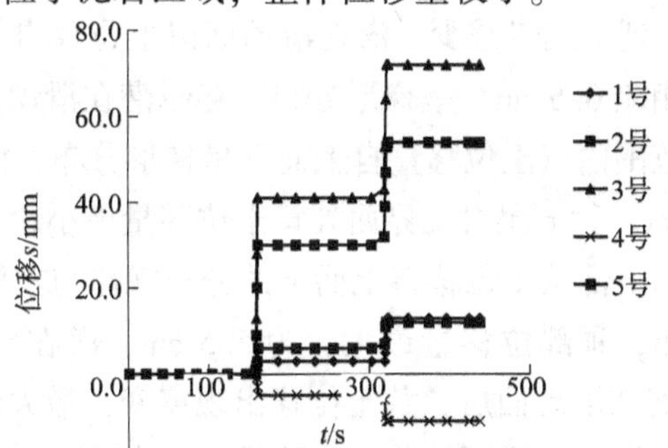

图 3-7　模型表面位移侧向分级加载响应曲线（工况 1-1）

3.2　潜在滑动面贯穿黄土中隧道的傍山隧道模型试验（工况 1-2）

3.2.1　试验现象

工况 1-2 为隧道贯穿黄土潜在滑动面的工况，图 3-8 即为填筑好的傍山隧道试验模型。

图 3-8　傍山隧道试验模型（工况 1-2）

1. 一级荷载（坡顶水平位移 5 cm）施加过程中傍山隧道模型试验现象

对傍山隧道模型施加一级荷载之后，变形状态如图 3-9 所示。傍山隧道模型施加一级荷载之后，坡体上部黄土沿预设潜在滑动面明显剪出，且剪出前缘与主体黄土开裂脱离，部分黄土掉落在坡脚处。潜在滑动面下部黄土仅产生微小位移。坡体下部泥岩坡面无明显位移。潜在滑动面上部黄土位移明显，傍山隧道模型左侧和右侧黄土最大位移量基本一致。傍山隧道模型左侧顶部位移量最大，为 5.5 cm，位移量自上到下逐步减少，潜在滑动面以上位移自上而下变化不大，最大位移与最小位移相差 0.5 cm，呈梯形分布。穿越潜在滑动面后，黄土位移量开始显著减小，这一范围内黄土位移量自上而下呈梯形分布，潜在滑动面下方黄土位移量最大，为 5 cm，黄土泥岩交界面处黄土位移量最小，为 3 cm。傍山隧道模型右侧，潜在滑动面上部黄土位移自上而下的分布规律与左侧潜在滑动面上部相似，同样呈梯形分布，顶部位移量最大，为 5.5 cm，潜在滑动面附近位移量最小，为 5 cm，穿越潜在滑动面后，黄土位移出现突变，最大位移量明显降低，仅为 0.5 cm，靠近黄土泥岩交界面处黄土位移量也仅为 0.5 cm。下部泥岩位移不明显，傍山隧道模型左侧泥岩可见相对较明显位移，自上而下呈三角形分布，上部位移量最大为 2 cm，底部未见明显位移；傍山隧道模型右侧泥岩位移很小，仅泥岩顶部 10 cm 深范围内存在 0.3 cm 的位移。

沿着黄土泥岩交界面，傍山隧道模型上部黄土和下部泥岩发生了相对错动，最左侧错动量最大为 3 cm，自左向右，错动量逐步减小，直至为零。同时，潜在滑动面上方黄土在坡面黄土泥岩交界面处剪出，剪出量为 4 cm。

隧道衬砌模型左侧潜在滑动面下方产生一组呈放射状且整体与水平面夹角

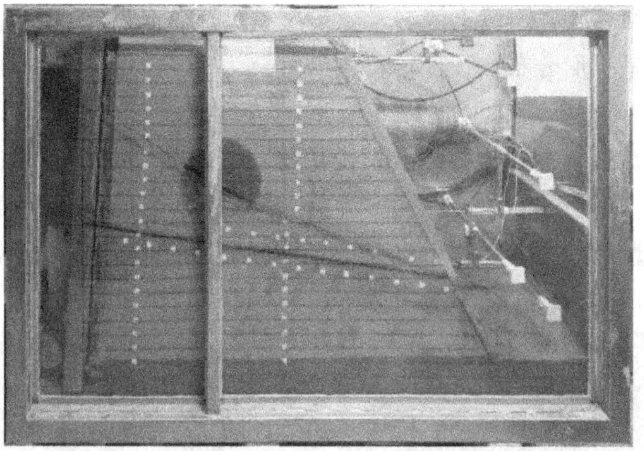

图 3-9　坡顶水平位移为 5 cm 的傍山隧道模型变形状态（工况 1-2）

约为 45°的裂缝，裂缝主体宽约为 1 mm，长约为 20 cm。隧道衬砌模型左上方发育一条裂缝，裂缝从坡顶左侧边界处开始，沿与水平面夹角为 30°的方向向右下方延伸，延伸长度约为 20 cm。裂缝最宽处约为 2 mm。隧道衬砌模型右下方，潜在滑动面下方发育一条小型裂缝，延伸方向与潜在滑动面平行，延伸长度约为3 cm。沿潜在滑动面部分区域出现裂缝，裂缝宽度约为 0. 2 cm。隧道衬砌模型右侧潜在滑动面上方，隧道衬砌与围岩黄土之间出现脱空，脱空区域最宽处约为 0. 8 cm。

隧道衬砌模型发生整体移位，且自身存在变形，隧道衬砌模型主要发生水平方向移位，移位量大约为 5 cm，隧道衬砌模型本身沿着垂直于隧道横截面且与水平面夹角约为 40°的方向发生变形，变形量约为 1 cm。

2. 二级荷载（坡顶水平位移 10 cm）施加过程中傍山隧道模型试验现象

对傍山隧道模型施加二级荷载之后，变形状态如图 3-10 所示。边坡潜在滑动面上部黄土位移增大，潜在滑动面上部黄土沿潜在滑动面继续剪出，且剪出前缘与主体黄土裂缝宽度增大，但没有进一步掉落；潜在滑动面下部黄土位移略微增大；坡体下部泥岩坡面仍然无明显位移。

傍山隧道模型左侧与傍山隧道模型右侧黄土最大位移量出现差距，左侧位移量大约比右侧位移量多 1 cm。隧道衬砌模型左侧顶端黄土位移量增长为 8 cm，位移量分布与一级荷载条件下的相似，潜在滑动面以上位移自上而下变化较小，最大位移与最小位移相差为 0. 5 cm，同样呈梯形分布；穿越潜在滑动面后，黄土位移量开始显著减小，这一范围内黄土位移量自上而下呈梯形分布，潜在滑动面下方顶端黄土位移量最大，为 7 cm，到黄土泥岩交界面处黄土位移量最小，为

3 cm。隧道衬砌模型右侧黄土位移量分布与一级荷载条件下的相似，潜在滑动面上部黄土位移呈梯形分布，顶部位移量最大，为 7 cm，潜在滑动面附近位移量最小，为 6 cm；穿越潜在滑动面后，黄土位移量出现突变，最大位移量明显降低，仅为 1 cm，靠近黄土泥岩交界面处黄土位移量也仅为 1 cm。傍山隧道模型下部泥岩位移不明显，隧道衬砌左侧泥岩可见相对较明显位移，自上而下呈三角形分布，上部位移量最大为 2.5 cm，底部未见明显位移；隧道衬砌模型右侧泥岩位移很小，仅泥岩顶部 10 cm 深范围内存在 0.5 cm 的位移。

图 3-10　坡顶水平位移为 10 cm 的傍山隧道模型变形状态（工况 1-2）

沿着黄土泥岩交界面，最左侧错动量未发生改变，仍为 3 cm，自左向右，错动量逐步减小，直至为零。同时，潜在滑动面上方的黄土在坡面的黄土泥岩交界面处剪出，剪出量为 6 cm。

隧道衬砌模型左侧潜在滑动面下方的放射状裂缝继续发育，延伸长度变化较小，放射裂缝条数增多，靠近潜在滑动面发育一条新裂缝；隧道衬砌模型左上方裂缝，延伸长度增长了大约 1 cm，裂缝宽度变化较大，最大裂缝宽度为 0.3 cm。隧道衬砌模型右下方，潜在滑动面下方发育的小型裂缝，二级荷载条件下贯通潜在滑动面下方黄土，裂缝宽度约为 0.3 cm。隧道衬砌右侧潜在滑动面上方脱空区域最宽处增长为 1.2 cm。

隧道衬砌模型继续沿水平方向移位，移位量为 8 cm，隧道衬砌模型本身沿着垂直于隧道横截面且与水平面夹角约为 40°的方向发生变形，变形量约为 2 cm。

3.2.2　测试数据分析

在隧道衬砌周围布置 10 号、4 号、9 号、8 号 4 个土压力计，参见

图 2-10（b），各处土压力值在侧向分级加载中的响应曲线如图 3-11 所示。隧道模型顶部和右侧布置的 10 号、8 号土压力计数值在侧向分级加载中的响应曲线基本保持在水平轴附近，这是由于潜在滑动面上方土体发生了滑动，土压力释放导致的。9 号土压力计数值持续增长，是由于该点位于滑坡潜在滑动面下方滑床，边坡滑动过程中，土体持续压缩，土压力持续增长。隧道衬砌模型下方，一级荷载条件下土压力增长，施加二级荷载之后，上部土体滑动量增大，土压力释放。

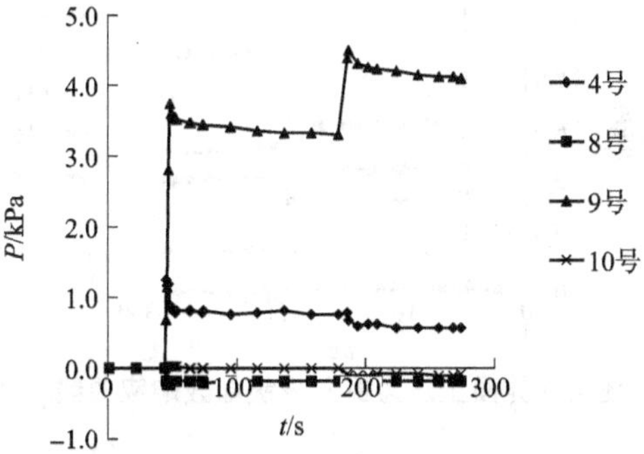

图 3-11　隧道周围土压力侧向分级加载响应曲线（工况 1-2）

在模型边坡斜坡表面自下而上布置有 1 号、2 号、6 号、12 号 4 个土压力计，参见图 2-10（b），各处土压力值在侧向分级加载中的响应曲线如图 3-12 所示。1 号、2 号土压力计位于预设斜坡表面泥岩区域，加载过程中土体持续压缩，土压力逐级增加，且靠近泥岩坡顶区域，压缩量较大，土压力较大。6 号土压力计位置处，因上部黄土剪出，土压力值在一级荷载条件下基本不变，在二级荷载条件下，随着剪出量的增加，土压力瞬间释放。模型坡肩处土压力，在一级荷载条件下稍有增加，施加二级荷载之后，基本未发生变化。

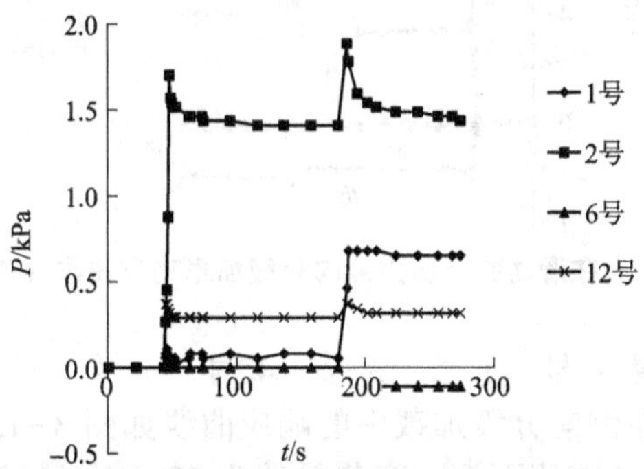

图 3-12　模型浅层土压力侧向分级加载响应曲线（工况 1-2）

模型地层交界面两侧自左至右分别布置有5号、9号、3号、7号、2号、6号6个土压力计，参见图2-10（b），各处土压力值在侧向分级加载中的响应曲线如图3-13所示。除6号土压力计外，其余位置处的土压力计数值在侧向分级加载中的响应曲线的变化趋势一致，只存在数值大小的区别，反映了不同区域土体土压力及压缩量的区别。其中，隧道衬砌模型左侧，泥岩区域土压力值最大，土体压缩量最大。隧道衬砌模型右侧潜在滑动面下方土体的土压力值最大。

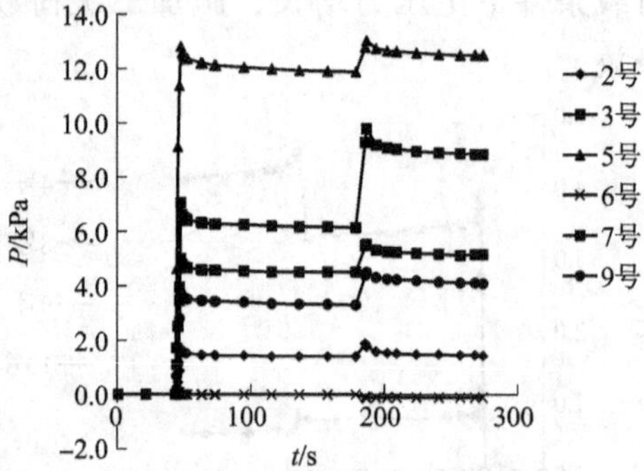

图3-13 地层交界面土压力侧向分级加载响应曲线（工况1-2）

在模型潜在滑动面两侧布置有7号、8号、9号、11号4个土压力计，参见图2-10（b），各处土压力值在侧向分级加载中的响应曲线如图3-14所示。在潜在滑动面下方，隧道衬砌模型两侧土压力值随着荷载的施加逐级增加，且衬砌右侧土压力值约为左侧的2倍。在潜在滑动面上方，由于土体滑动，发生脱空，土压力值未增大，隧道左侧土压力出现降低。

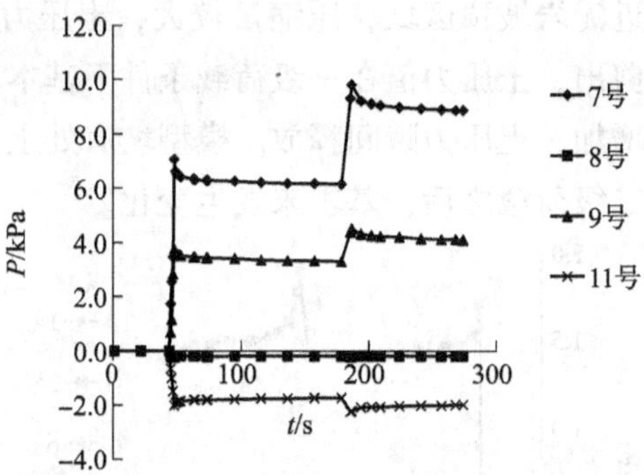

图3-14 潜在滑动面土压力侧向分级加载响应曲线（工况1-2）

在模型表面布置1号、2号、3号、4号、5号5个位移传感器，参见图2-11（b），位移在侧向分级加载中的响应曲线如图3-15所示。与工况1-1类似，坡顶左侧隆起，右侧下沉，变化量约为10 mm。由于工况存在潜在滑动面，潜在滑动面上方土体大致呈现同步滑动，侧向分级加载时，上部黄土坡肩位移量的响应曲线和斜坡下部位移量的响应曲线基本重合。斜坡表面泥岩区域基本上未发生变形。

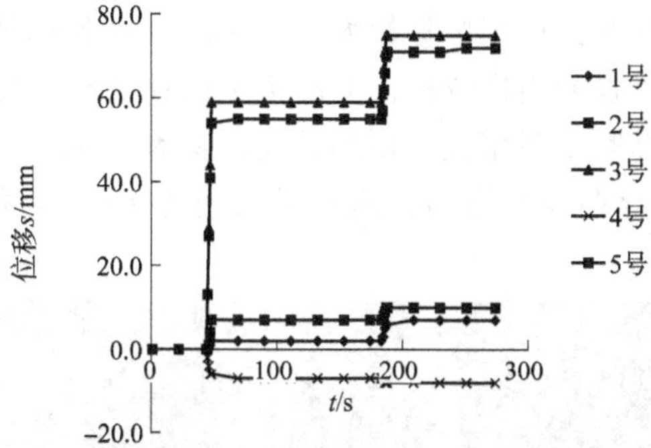

图 3-15　模型表面位移侧向分级加载响应曲线（工况 1-2）

3.3　隧道位于黄土泥岩交界面的傍山隧道模型试验（工况 2-1）

3.3.1　试验现象

工况 2-1 为隧道位于黄土泥岩交界面的工况，图 3-16 即为填筑好的傍山隧道试验模型。

图 3-16　傍山隧道试验模型（工况 2-1）

1. 一级荷载（坡顶水平位移 5 cm）施加过程中傍山隧道模型试验现象

对傍山隧道模型施加一级荷载之后，变形状态如图 3-17 所示。边坡位移量自上而下较为均匀，上部黄土整体在地层交界面处略有剪出，且黄土斜坡中部亦出现一处剪出口；下部泥岩斜坡面接近坡脚处出现一剪出口。傍山隧道模型左侧黄土和泥岩位移量呈三角形分布，自上而下逐层减小，穿越地层交界面时位移变化趋势未发生改变，顶部位移最大，为4 cm。在傍山隧道模型右侧，根据示踪点显示，下部泥岩无明显位移，上部黄土位移明显，位移量整体呈三角形分布，与隧道衬砌模型左侧相似，顶部最大位移为3 cm，但在距坡顶下方30~35 cm深的范围内，存在微小错动，错动量大约为1 cm，说明坡体在该位置处出现剪出。

图 3-17　坡顶水平位移为 5 cm 的傍山隧道模型变形状态（工况 2-1）

隧道衬砌模型顶部大约17 cm深处存在一条近似贯通整个坡体的水平方向裂缝，裂缝宽约1 mm，在斜坡面黄土区域中部剪出，靠近剪出口附近，裂缝方向沿着与水平面约为40°方向向下延伸，直至剪出。距该剪出口下方大约20 cm处，发育一条长约20 cm的细小裂缝，可能是上部剪出的黄土摩擦作用引起的。坡顶左侧发育一条由坡顶最左侧剪入的裂缝，沿与水平面约为45°方向发育，延伸大约12 cm后，开始沿水平方向延伸，延伸长度大约为15 cm。隧道衬砌模型左侧上方贴近衬砌模型处，发育一组细小裂缝，宽约为1 mm，长度为1~3 cm不等，近似垂直于衬砌表面。坡体下部泥岩右侧坡肩处，发育一条贯通泥岩的裂缝，方向与水平方向夹角约为35°，长度约为40 cm，从地层交界面剪入，靠近坡脚处剪出。

隧道衬砌模型基本未发生移位，仅衬砌本身发生变形，隧道衬砌模型本身沿着垂直于隧道横截面且与水平面夹角约为40°的方向发生变形，变形量约为2 cm。

2. 二级荷载（坡顶水平位移10 cm）施加过程中傍山隧道模型试验现象

对傍山隧道模型施加二级荷载之后，变形状态如图3-18所示。边坡隧道模型整体位移趋势与一级荷载条件下的相似，边坡整体向右侧发生位移，黄土部分剪出口处的剪出量基本未发生变化，泥岩区域剪出部分脱离主体掉落在坡脚。傍山隧道模型左侧黄土位移量最大增长为7 cm，整体趋势未发生改变，自上而下呈三角形分布，穿越地层交界面逐层减小，至地层交界面下 22 cm 深度减小至零。傍山隧道模型右侧黄土区域位移趋势与一级荷载条件下的相似，最大位移增长为 7 cm，出现剪切面，并没有进一步发生明显错动；地层交界面泥岩下方大约 10 cm处出现新的错动，是泥岩中已有剪切面在二级荷载作用下进一步延伸发展造成的。

图 3-18　坡顶水平位移为 10 cm 的傍山隧道模型变形状态（工况 2-1）

傍山隧道模型中，原有裂缝在二级荷载条件下进一步发展，坡顶左侧发育的裂缝变化较大，裂缝宽度 2 mm。水平方向裂缝长度增长为 30 cm，且有向下发展的趋势。黄土斜坡中部剪出口下方发育的裂缝，沿水平方向向左侧发展，延伸至接近衬砌模型右上方。泥岩部分新发育一条贯通斜坡面和隧道衬砌模型右侧的裂缝，裂缝宽度大约为 3 mm，与水平面夹角约为 20°。其余裂缝除进一步扩张以外，无明显变化。

隧道衬砌水平方向发生位移，移位量约 1 cm，隧道衬砌模型本身沿着垂直于隧道横截面且与水平面夹角约为 40°的方向发生变形，变形量为 3 cm。

3.3.2　测试数据分析

在隧道衬砌模型周围布置 9 号、3 号、5 号、7 号 4 个土压力计，参见图 2-10（c），各处土压力值在侧向分级加载中的响应曲线如图 3-19 所示。除隧道顶部以外，隧道左右两侧及底部区域，土压力变化趋势保持一致，都呈现一级荷载条件下土压力上升，二级荷载条件下土压力下降的趋势。二级荷载条件下土压力下降，是由于坡体在承受一定压力条件时，发生整体破坏，造成原本土体压缩区域土压力瞬间释放。隧道衬砌模型顶部，在施加一级荷载时就出现贯穿坡体的水平裂缝，造成土压力降低，继续施加二级荷载之后，土压力略有回升，但也未急剧增长。

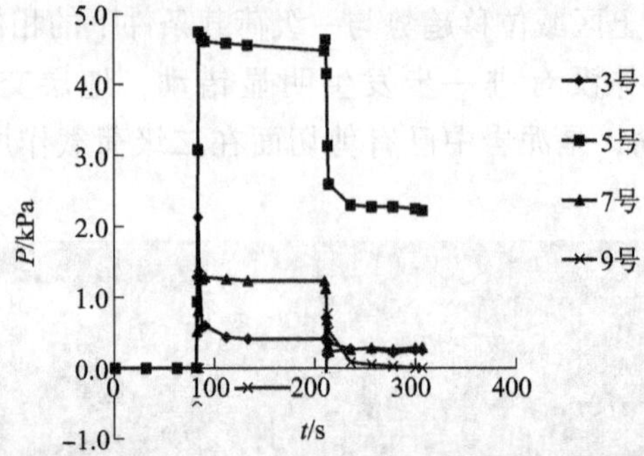

图 3-19 隧道周围土压力侧向分级加载响应曲线（工况 2-1）

在模型边坡斜坡表面自下而上布置有 1 号、2 号、6 号、10 号 4 个土压力计，参见图 2-10（c）。由于 2 号土压力计数据采集失误，此处不做对比分析。各处土压力值在侧向分级加载中的响应曲线如图 3-20 所示。坡肩和坡脚处的土压力变化趋势一致，随着荷载的施加，逐级增长。坡脚处土压力的增长幅度比坡肩处的增长幅度大，这是坡肩发生明显位移、土体压缩量较小造成的。6 号土压力计位于地层交界面上方，该区域土压力仅仅在施加荷载的瞬间出现增长，荷载稳定后，土压力回归至初始值，整体呈现土压力不变的状态。这是由于该区域位于坡体剪出口附近，土体发生剪出，土压力瞬间释放。

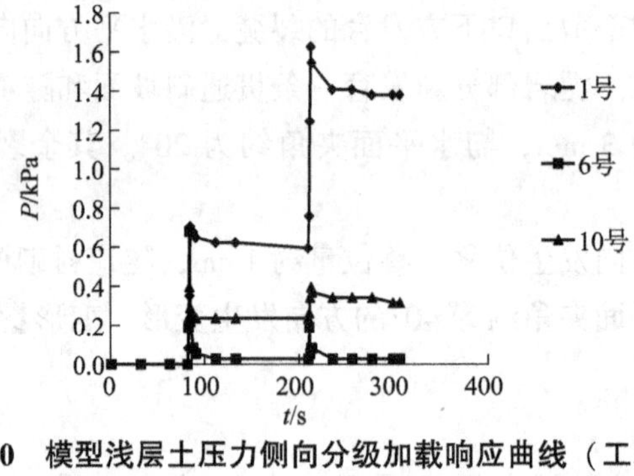

图 3-20 模型浅层土压力侧向分级加载响应曲线（工况 2-1）

在模型地层交界面两侧布置有 2 号、6 号、4 号、7 号、5 号、8 号 6 个土压力计，参见图 2-10（c）。由于 2 号土压力计数据采集失误，此处不做对比分析。各处土压力值在侧向分级加载中的响应曲线如图 3-21 所示。泥岩区布置的土压力计，从左至右依次为 5 号、4 号，在侧向分级加载中，发现 5 号、4 号土压力计测得的土压力响应曲线的变化趋势相似，均为一级荷载上升，二级荷载骤降，这是由于模型泥岩区域在二级荷载条件下斜坡面出现裂缝，裂缝贯通坡体，土压力瞬间释放。7 号土压力计位于隧道衬砌模型右侧上部黄土区域，该区域土压力在侧向分级加载中的响应曲线与 4、5 号土压力计的响应曲线相似，二级荷载条件下土压力骤降是由于在二级荷载条件下，隧道右侧黄土与隧道衬砌模型脱空，土压力瞬间释放。8 号土压力计位于隧道衬砌模型左侧黄土区域，由 8 号土压力计在侧向分级加载中的响应曲线可以看出，该区域土体在加载过程中持续压缩，土压力随荷载逐级增长。6 号土压力计位于地层交界面上方，该区域位于坡体剪出口附近，土体剪出后，土压力瞬间释放。

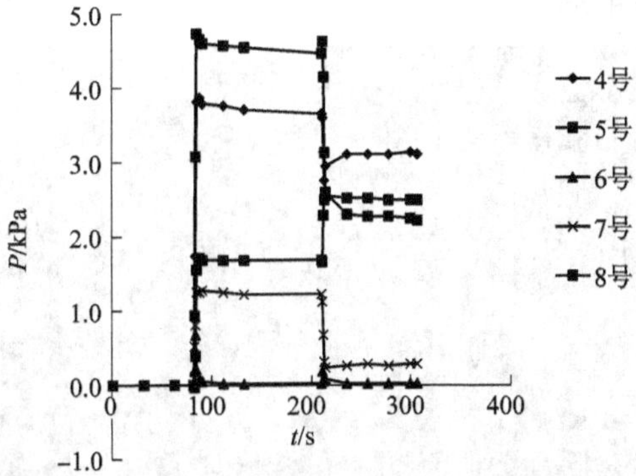

图 3-21　地层交界面土压力侧向分级加载响应曲线（工况 2-1）

在模型表面布置 1 号、2 号、3 号、4 号、5 号 5 个位移传感器，参见图 2-11（c），位移在侧向分级加载中的响应曲线如图 3-22 所示。模型顶部右侧在加载过程中产生的位移基本是竖向位移，坡顶左侧随荷载的施加逐级隆起，竖向最大位移量达到 11 mm，模型斜坡表面自下而上布置 1 号、2 号、3 号 3 个位移传感器，斜坡表面自上至下水平位移量逐渐减小，坡肩处水平位移量最大，达到 70 mm。

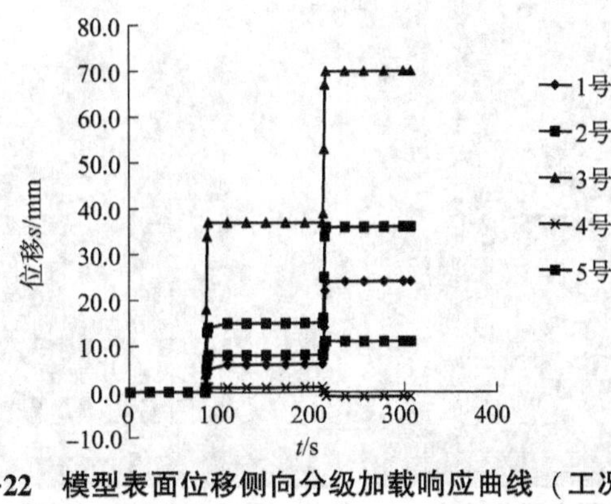

图 3-22　模型表面位移侧向分级加载响应曲线（工况 2-1）

3.4 潜在滑动面贯穿黄土泥岩交界处隧道的傍山隧道模型试验（工况 2-2）

3.4.1 试验现象

工况 2-2 为隧道位于黄土泥岩交界面和潜在滑动面的工况，图 3-23 即为填筑好的傍山隧道试验模型。

图 3-23 傍山隧道试验模型（工况 2-2）

1. 一级荷载（坡顶水平位移为 5 cm）施加过程中傍山隧道模型试验现象

对傍山隧道模型施加一级荷载之后，变形状态如图 3-24 所示。

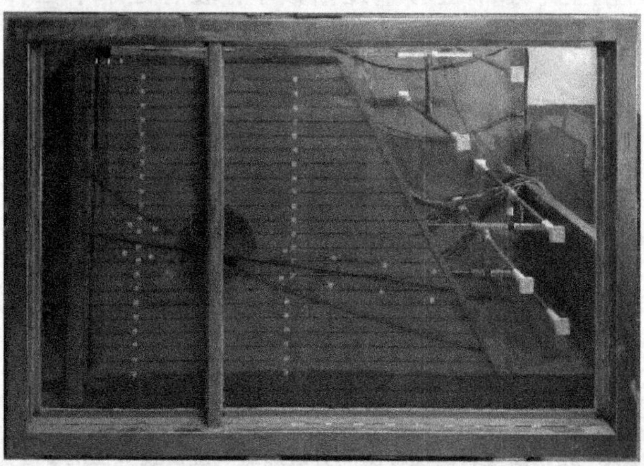

图 3-24 坡顶水平位移为 5 cm 的傍山隧道模型变形状态（工况 2-2）

边坡整体沿着预设潜在滑动面剪出，而地层交界面仅产生细小裂缝且并无明显剪出。傍山隧道模型中左侧黄土和泥岩位移量呈三角形分布，顶部位移最大，为 3 cm，自上而下逐层减小，穿越潜在滑动面时出现错动，穿越地层交界面时位移变化趋势未发生改变。傍山隧道模型右侧潜在滑动面处的上方土体位移呈梯形分布，顶部位移稍大，位移为 3 cm，潜在滑动面处的位移为 2. 5 cm，潜在滑动面下方的泥岩未发生位移。

傍山隧道模型左侧潜在滑动面和地层交界面之间，平行于潜在滑动面处发育一条裂缝，宽约为 0. 1 cm，长约为 13 cm。傍山隧道模型顶部靠左部位，垂直于衬砌模型方向发育一条裂缝，长约为 12 cm，宽为 0. 1 cm。隧道衬砌模型右侧约 15 cm 处发育一条与水平面夹角约为 40°的裂缝，长约为 10 cm，与地层交界面贯通。

隧道衬砌模型发生水平移位，移位量约 2 cm，隧道衬砌沿着垂直于隧道横截面且与水平面夹角约为 40°的方向发生变形，变形量为 2 cm。隧道衬砌模型右侧与围岩之间出现脱空，脱空宽度大约为 2 cm。

2. 二级荷载（坡顶水平位移为 10 cm）施加过程中傍山隧道模型试验现象

对傍山隧道模型施加二级荷载之后，变形状态如图 3-25 所示。

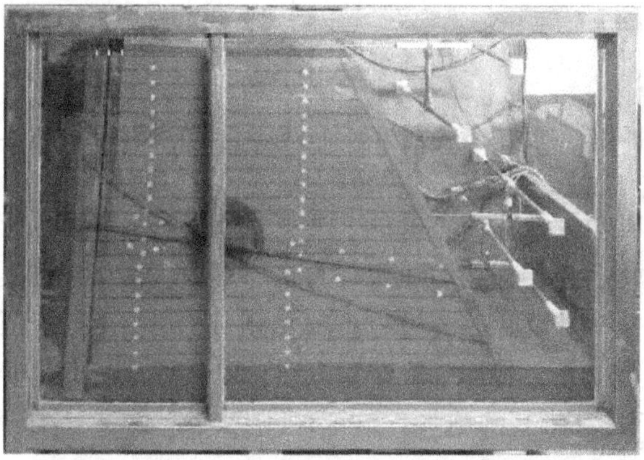

图 3-25　坡顶水平位移为 10 cm 的傍山隧道模型变形状态（工况 2-2）

边坡整体沿着潜在滑动面继续剪出，潜在滑动面上方部分泥岩出现剪出与脱落，掉落在坡脚，地层交界面仍无明显剪出变形。傍山隧道模型左侧坡体变形趋势与一级荷载条件下的相似，最大位移量为 7 cm，穿越潜在滑动面时出现细小错动，穿越地层交界面时位移变化趋势未发生改变。傍山隧道模型右侧坡体位移与一级荷载条件下的相似，潜在滑动面上方位移呈梯形分布，顶部位移稍大，为7 cm，潜在滑动面下部剪出位移为 6 cm，潜在滑动面下方泥岩仍未发生明显位移。

边坡隧道模型在一级荷载条件下产生的裂缝继续发展，除此以外，新产生两处裂缝。坡顶左侧发育两条近似平行的裂缝，宽约为 1 mm，长为 10~15 cm，延伸方向与水平面夹角约为 30°。隧道衬砌模型右侧上方，可见一条长约为 15 cm 的裂缝，与水平面夹角约为 20°，宽约为 1 mm。

隧道衬砌模型发生水平移位，移位量约为 5 cm，隧道衬砌变形沿着隧道横截面发生，变形与隧道方向的夹角为 40°，衬砌本身发生变形，变形量为3 cm。隧道衬砌模型右侧与围岩的脱空继续扩展，脱空宽度增长为 3 cm。

3.4.2 测试数据分析

在隧道衬砌模型周围布置 10 号、4 号、8 号、7 号 4 个土压力计，参见图 2-10（d），各处土压力值在侧向分级加载中的响应曲线如图 3-26 所示。

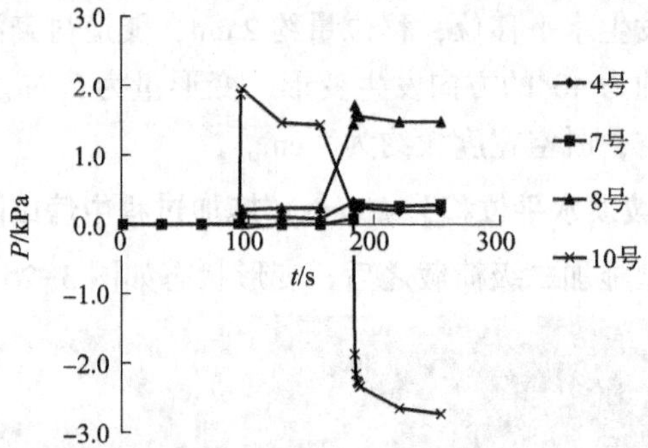

图 3-26　隧道周围土压力侧向分级加载响应曲线（工况 2-2）

隧道衬砌左右两侧及底部布置的 8 号、7 号、4 号土压力计所处区域的土压力响应曲线的变化趋势相似，均随荷载的施加逐级增长。8 号土压力计位于隧道左侧，增幅较其他两处略大。隧道衬砌模型顶部布置 10 号土压力计，一级荷载下，该区域土压力上升，施加二级荷载以后，该区域土压力骤降，变化量大约为 5 kPa。这是由于随着荷载的施加，该区域土体发生破碎，在一级荷载作用下积蓄的土压力瞬间释放。

在模型边坡斜坡表面自下而上布置有 1 号、2 号、5 号、12 号 4 个土压力计，参见图 2-10（d）。由于 1 号土压力计采集数据失误，此处不做对比分析。其余各处土压力值在侧向分级加载中的响应曲线如图 3-27 所示。5 号土压力计位于斜坡表面地层交界面上方黄土区域，该区域土压力在一级荷载条件下上升，施加二级荷载后，坡体在该区域附近剪出，土压力骤降。12 号土压力计位于坡肩处，该区域土压力在施加一级荷载后增长，在施加二级荷载后，土压力没有明显变化，这是由于坡肩土体在二级荷载条件下发生位移，土体未发生压缩。2 号土压力计位于潜在滑动面上方泥岩区域，由于该区域在施加荷载过程中发生滑动，土压力持续降低。

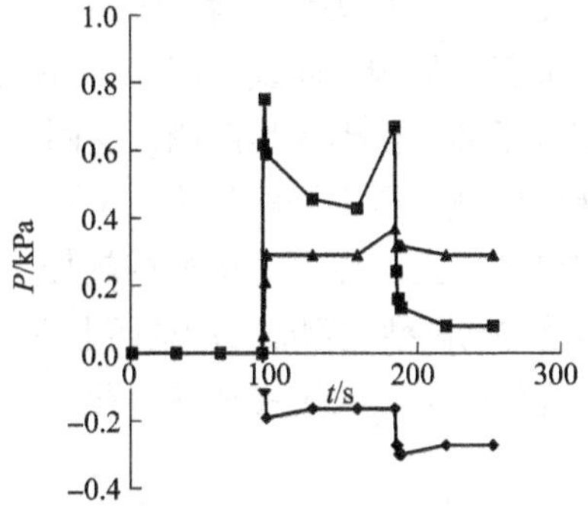

图 3-27　模型浅层土压力侧向分级加载响应曲线（工况 2-2）

在模型地层交界面两侧布置有 2 号、5 号、6 号、7 号、8 号、9 号 6 个土压力计，参见图 2-10（d），各处土压力值在侧向分级加载中的响应曲线如图 3-28所示。

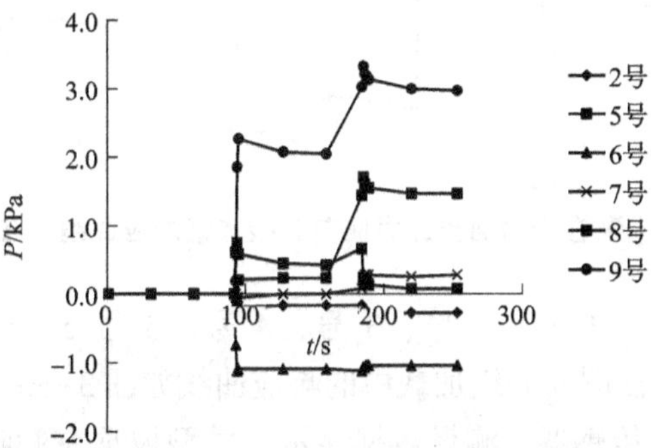

图 3-28　地层交界面土压力侧向分级加载响应曲线（工况 2-2）

7 号土压力计位于隧道衬砌模型右侧黄土区域，8 号土压力计位于隧道衬砌模型左侧泥岩区域，9 号土压力计位于隧道衬砌模型左侧潜在滑动面下方黄土区域。该三处区域土压力在侧向分级加载中的响应曲线类似，随着荷载的施加逐级增长，其中隧道衬砌模型右侧土压力增幅最小，这是土体滑动引起隧道衬砌右侧黄土区域出现脱空造成的。5 号土压力计位于斜坡表面地层交界面上方黄土区域，在一级荷载条件下，该区域黄土未剪出，土压力出现上升，施加二级荷载后，上部黄土沿地层交界面剪出，该区域土压力瞬间释放。2 号、6 号土压力计分别位于潜在滑动面上方泥岩区域的左右两端，6 号土压力计靠近隧道衬砌模型，2 号土压力计靠近斜坡表面。由 2 号、6 号土压力计侧向分级加载响应曲线可以看出，潜在滑动面上方泥岩区域在荷载施加过程中土压力降低，由于 6 号土压力计靠近隧道衬砌模型，二级荷载条件下土压力略微上升。

在模型潜在滑动面两侧布置有1号、2号、3号、6号、9号、11号6个土压力计，参见图2-10（d）。由于1、2号土压力计采集数据失误，此处不做对比分析，其余各处土压力值在侧向分级加载中的响应曲线如图3-29所示。3号、9号土压力计位于潜在滑动面下方，分别位于隧道衬砌模型两侧，这两处区域土压力随着荷载的施加逐级增长，且靠近左侧的区域土压力增幅较大。6号土压力计位于隧道衬砌模型右侧潜在滑动面上方泥岩区域，土压力在一级荷载施加后瞬间降低，并基本保持不变。11号土压力计位于隧道衬砌模型左侧潜在滑动面上方黄土区域，该区域土压力随着荷载的施加逐级下降。这是由于该区域在加载过程中产生裂缝，土体破碎造成的。

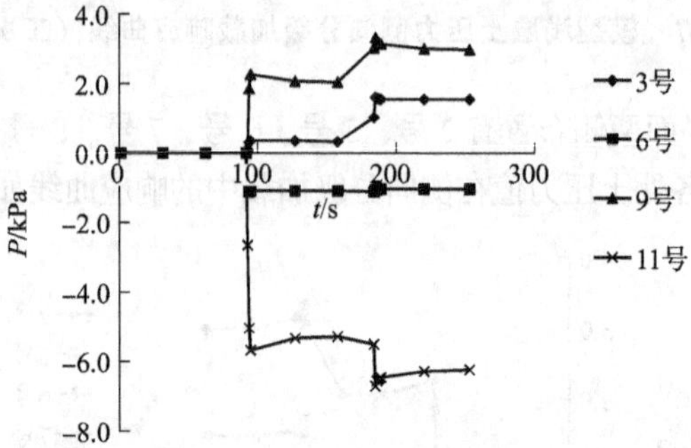

图3-29　潜在滑动面土压力侧向分级加载响应曲线（工况2-2）

在模型表面布置1号、2号、3号、4号、5号5个位移传感器，参见图2-11（d），位移在侧向分级加载中的响应曲线如图3-30所示。坡顶左右两侧布置5号、4号位移传感器，测量数据显示，模型坡顶左侧隆起，右侧下沉，变形量在10 mm以内。在斜坡表面布置1号、2号、3号位移传感器，根据数据显示，在一级荷载条件下，这3处位移响应曲线基本重合，说明在一级荷载条件下，坡体仅沿潜在滑动面出现错动，施加二级荷载后，位移响应曲线趋势出现分离，说明在潜在滑动面上方也出现其他剪出口。

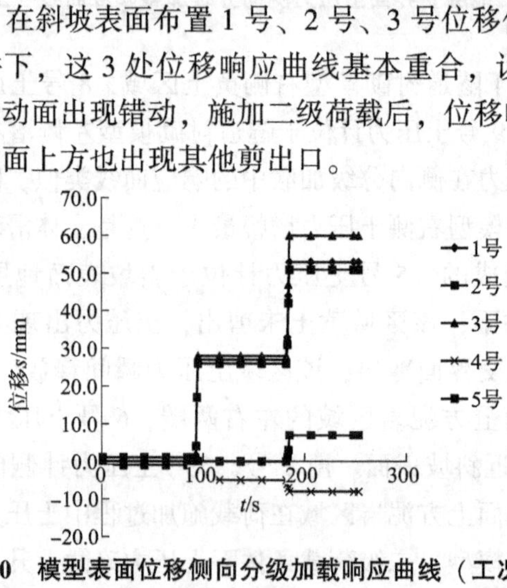

图3-30　模型表面位移侧向分级加载响应曲线（工况2-2）

3.5　侧向变形条件下傍山隧道模型试验中衬砌应力及弯矩分析

3.5.1　隧道衬砌模型应力转换分析

通过电阻式应变片采集得到的应变值通过式（3-1）换算得到衬砌应力：

$$\sigma = E \times \varepsilon \tag{3-1}$$

式中：σ——应力，MPa；

E——有机玻璃的弹性模量，取值为 3.0×10^9 Pa；

ε——隧道衬砌模型表面应变。

当各工况在侧向加载条件下坡顶水平位移达到 10 cm 时，傍山隧道衬砌拱肩及拱脚附近内外侧应力峰值见表 3-1。

表 3-1　隧道衬砌应力峰值　　单位：kPa

工况	应力位置	右侧拱肩	右侧拱脚	左侧拱脚	左侧拱肩
1-1	外侧应力	6 435	-5 790	7 608	-7 800
	内侧应力	-2 642	2 321	-3 299	3 111
1-2	外侧应力	8 223	-10 047	10 344	-10 386
	内侧应力	-9 210	10 986	-11 559	10 917
2-1	外侧应力	12 243	-11 658	12 615	-12 381
	内侧应力	-13 194	12 126	-14 331	13 725
2-2	外侧应力	12 687	-16 980	14 142	-14 283
	内侧应力	-14 202	19 455	-16 176	15 756

根据试验结果可以看出，隧道衬砌右侧拱肩及左侧拱脚区域，衬砌内侧受压应力，外侧受拉应力；隧道衬砌左侧拱肩及右侧拱脚区域，衬砌内侧受拉应力，外侧受压应力。傍山隧道右侧拱肩及左侧拱脚的衬砌外侧，左侧拱肩及右侧拱脚的衬砌内侧，均可能是隧道衬砌的薄弱区域，成为傍山隧道衬砌的薄弱区域。

混凝土抗拉强度远小于抗压强度，隧道衬砌破坏主要为拉应力破坏。当衬砌表面拉应力超过混凝土抗拉强度时，衬砌表面会出现表层混凝土开裂脱落。当拉应力超过配筋抗拉强度时，隧道会产生严重破坏。

3.5.2 隧道衬砌弯矩分析

1. 工况 1–1 中隧道衬砌弯矩分析

根据隧道衬砌内外表面布设的电阻式应变片采集得到的衬砌模型内外表面应变值，利用式（2–4）计算得到隧道衬砌 16 个位置处的弯矩，即可绘制得到不同工况不同侧向加载等级下的隧道衬砌弯矩图。

图 3–31 为工况 1–1 中各级加载条件下的隧道衬砌弯矩图。通过分析图 3–31 可知，在没有潜在滑动面的傍山隧道发生边坡变形时，隧道衬砌弯矩图整体呈斜椭圆状，弯矩峰值大致分别位于隧道衬砌两侧拱肩及拱脚位置。这说明滑坡过程中，衬砌在这 4 处位置承受的弯矩最大。隧道衬砌弯矩图存在 4 个反弯点，近似位于隧道上、下、左、右 4 处顶点，且随着荷载等级的增加，反弯点位置变化不大。

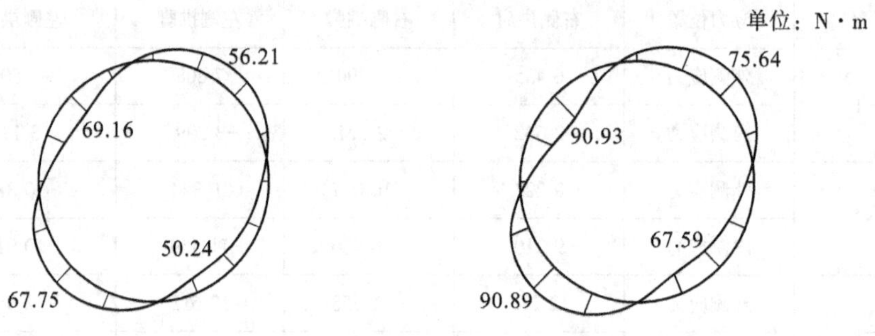

（a）一级荷载　　（b）二级荷载

图 3–31　工况 1–1 中隧道衬砌弯矩图

2. 工况 1–2 中隧道衬砌弯矩分析

图 3–32 为工况 1–2 中各级加载条件下的隧道衬砌弯矩图。通过分析图 3–32 可知，隧道衬砌弯矩图呈斜哑铃状，同样存在 4 处弯矩峰值，且峰值位置与工况 1–1 中的基本一致，但弯矩峰值较工况 1–1 的有大幅增加。由此说明，同样的隧道开挖位置，潜在滑动面会引起滑坡过程中隧道变形及受力增大，弯矩值增大，且右侧拱脚附近弯矩峰值增长幅度最大。隧道衬砌弯矩反弯点位置与工况 1–1 相比较为接近，大致位于隧道顶部、底部及两侧拱腰附近。

3. 工况 2–1 中隧道衬砌弯矩分析

图 3–33 为工况 2–1 中各级加载条件下隧道衬砌弯矩图。

通过分析图 3–33 可知，隧道衬砌弯矩图整体同样呈斜哑铃状，与工况 1–1

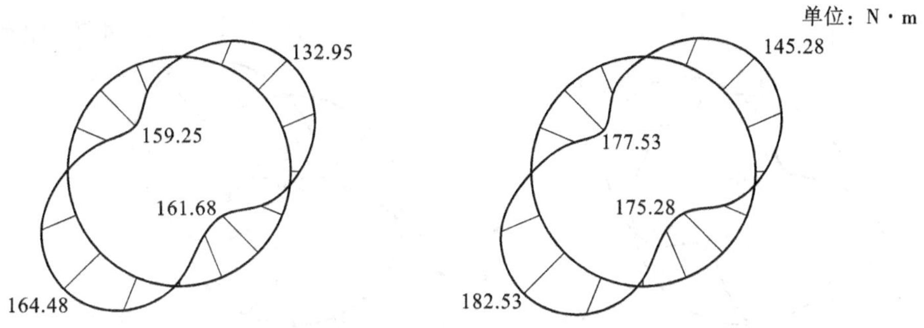

（a）一级荷载　　（b）二级荷载

图 3–32　工况 1–2 中隧道衬砌弯矩图

和工况 1–2 弯矩相比，工况 2–1 中隧道衬砌弯矩峰值亦再次出现大幅增长，且右侧拱脚增幅最大。这个弯矩值增长是由于隧道位于地层交界面，而下层泥岩密度及压缩模量都比上部黄土相应的量值大，受到的滑动面推力增大，综合导致隧道衬砌弯矩值增大。工况 2–1 中弯矩图反弯点位置与工况 1–1 相比略有差异，工况 1–1 反弯点位置逆时针旋转大约 15°后与工况 2–1 接近。

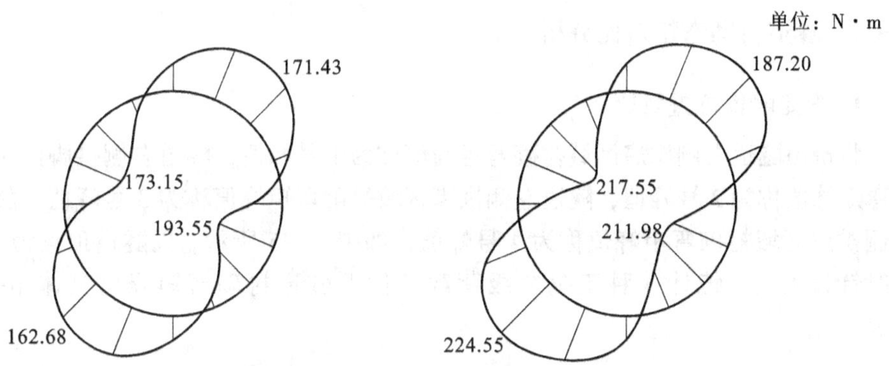

（a）一级荷载　　（b）二级荷载

图 3–33　工况 2–1 中隧道衬砌弯矩图

4. 工况 2–2 中隧道衬砌弯矩分析

图 3–34 为工况 2–2 在各级加载条件下隧道衬砌弯矩图。

通过分析图 3–34 可知，隧道衬砌弯矩图整体同样呈斜哑铃状。与工况 1–1、工况 1–2 和工况 2–1 中的弯矩峰值相比，工况 2–2 中的弯矩峰值亦再次增长，右侧拱脚附近弯矩增幅最大，这是地层交界面和潜在滑动面共同作用的结果，弯矩图反弯点位置与工况 1–2 基本一致。

单位：N·m

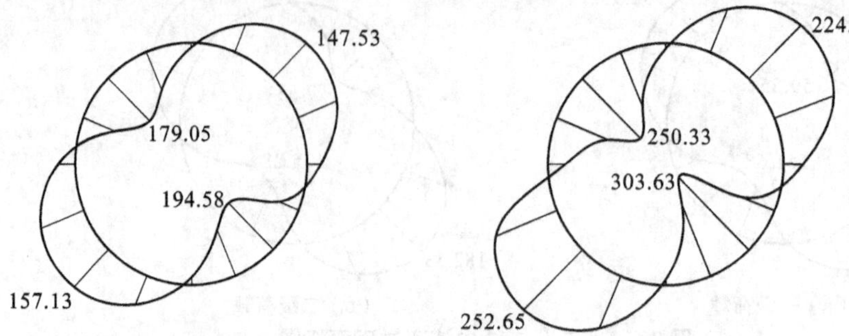

（a）一级荷载　　　　（b）二级荷载

图 3-34　工况 2-2 中隧道衬砌弯矩图

3.6　侧向变形条件下傍山隧道衬砌的承载特性分析

3.6.1　隧道衬砌弯矩对比分析

1. 弯矩峰值位置对比

将傍山隧道右侧拱肩区域衬砌弯矩峰值称为 1 号峰值，隧道右侧拱脚区域衬砌弯矩峰值称为 2 号峰值，隧道左侧拱脚区域衬砌弯矩峰值称为 3 号峰值，隧道左侧拱肩区域衬砌弯矩峰值称为 4 号峰值，如图 3-35 所示。以隧道顶点为 0°，顺时针为正向，统计 4 种工况二级荷载条件下隧道衬砌弯矩峰值具体角度，见表 3-2。

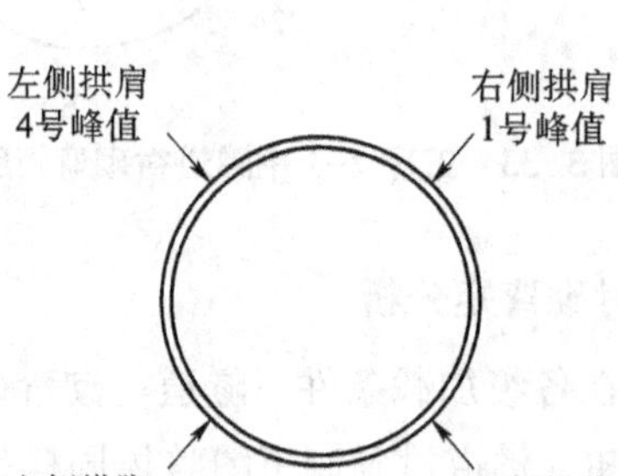

图 3-35　弯矩峰值位置示意图

表 3-2　各工况二级荷载条件下隧道衬砌弯矩峰值位置统计

试验工况	1 号峰值位置	2 号峰值位置	3 号峰值位置	4 号峰值位置
工况 1-1	39°	144°	224°	309°
工况 1-2	48°	140°	225°	313°
工况 2-1	40°	124°	224°	307°
工况 2-2	49°	126°	260°	316°

以工况 1-1 为基准，对比不同工况二级荷载条件下隧道衬砌弯矩峰值位置变化，对比结果见表 3-3。

表 3-3　工况 1-1 与其余工况条件下隧道衬砌弯矩峰值位置对比结果

对比工况	1 号峰值位置	2 号峰值位置	3 号峰值位置	4 号峰值位置
工况 1-2	9°	−4°	1°	4°
工况 2-1	1°	−20°	0°	−2°
工况 2-2	10°	−18°	36°	7°

根据对比结果可以看出以下内容。与位于黄土地层的隧道相比，存在潜在滑动面的隧道衬砌右侧拱肩区域弯矩峰值位置改变最大，顺时针旋转了 9°，隧道右侧拱脚区域及左侧拱肩区域峰值位置改变量次之，为 4°，说明潜在滑动面使得隧道衬砌临坡侧范围的弯矩峰值位置发生移动，而隧道衬砌左侧拱脚区域周围土体变形受潜在滑动面影响小，故弯矩峰值位置基本未发生改变。位于地层交界面的隧道，右侧拱脚区域弯矩峰值位置改变最大，逆时针旋转了 20°，这是由于地层交界面上下土体力学性质差异较大，下层土体密度及压缩模量较大，因此在边坡滑动过程中，必然造成该区域弯矩峰值位置上移。当隧道位于地层交界面且存在潜在滑动面时，隧道左侧拱脚区域弯矩峰值位置改变最大，顺时针旋转了 36°，其次是右侧拱脚区域弯矩峰值位置逆时针旋转了 18°，然后是右侧拱肩和左侧拱肩，分别顺时针旋转了 10° 和 7°，这是地层交界面和潜在滑动面共同作用的结果。

总之，从整体来看，隧道弯矩峰值位置受地层交界面的影响比受潜在滑动面的影响要大，当同时存在潜在滑动面和地层交界面时，二者对弯矩峰值位置的影响是相互叠加作用的。

2. 弯矩峰值大小对比

将各个工况二级荷载条件下隧道衬砌弯矩峰值相互对比，统计工况 1-2、工况 2-1、工况 2-2 这 3 种工况分别与工况 1-1 相比的弯矩峰值增大百分比，对比结果见表 3-4。

表 3-4　工况 1-1 与其余工况条件下隧道衬砌弯矩峰值大小对比结果

对比工况	1 号峰值	2 号峰值	3 号峰值	4 号峰值
工况 1-2	92.07%	159.33%	100.83%	95.24%
工况 2-1	147.49%	213.63%	147.06%	139.25%
工况 2-2	196.25%	349.22%	177.97%	175.30%

根据对比结果可以看出：潜在滑动面会增大隧道承受的弯矩，且隧道右侧拱脚区域弯矩增长百分比最大，达到 159.33%；地层交界面也会增大隧道承受的弯矩，右侧拱脚区域弯矩增加百分比最大，达到 213.63%；当隧道位于地层交界面且存在潜在滑动面时，隧道承受的弯矩值会大幅增长，且右侧拱脚区域弯矩增长百分比最大，为 349.22%。由此也可说明，右侧拱脚区域弯矩变化敏感度最高，潜在滑动面和地层交界面都会增大衬砌承受的弯矩值，且地层交界面比潜在滑动面对弯矩峰值的影响大，当同时存在地层交界面和潜在滑动面时，二者对弯矩的增大作用是叠加的。

3.6.2　隧道衬砌与围岩之间脱空破坏模式分析

根据傍山隧道模型加载试验及隧道衬砌模型应变分析可知，在侧向非均匀加载作用下，隧道衬砌模型产生变形，且存在一定的水平位移，隧道衬砌模型周围土体压缩变形，衬砌左侧区域土体开始被动受压，衬砌右侧区域土体与衬砌之间产生脱空区，且衬砌周边土体发育大量裂缝。随着加载级数的增大，隧道衬砌模型所承受的荷载超过衬砌极限荷载，衬砌周边土体裂缝逐渐发生脱空。

通过隧道衬砌及周边土体受力变形情况，可以确定各工况破坏模式，如图 3-36至图 3-39 所示。衬砌变形方向为与水平面夹角约 45°向右下，衬砌变形量呈现有潜在滑动面工况大于无潜在滑动面工况、隧道位于地层交界面工况大于隧道位于上部黄土区域工况的趋势；隧道右侧均出现不同程度的脱空区域，工况 1-1 条件下的脱空区最大宽度约为 1 cm；工况 1-2 条件下的脱空区最大宽度约为 2 cm；工况 2-1 条件下的脱空区最大宽度处于工况 1-1 和工况 1-2 之间，约为 1.5 cm；工况 2-2 条件下的脱空区宽度最大，达到 2.5 cm。

将隧道衬砌脱空区域与隧道衬砌弯矩峰值大小进行对比分析，发现隧道弯矩峰值大小的变化受脱空区域的影响很大，这是由于隧道衬砌与围岩之间出现脱空现象，该区域衬砌失去了围岩的支撑，滑坡发生整体移动，这就会导致衬砌出现应力集中，进而该区域衬砌弯矩的增长就会明显高于其他位置。

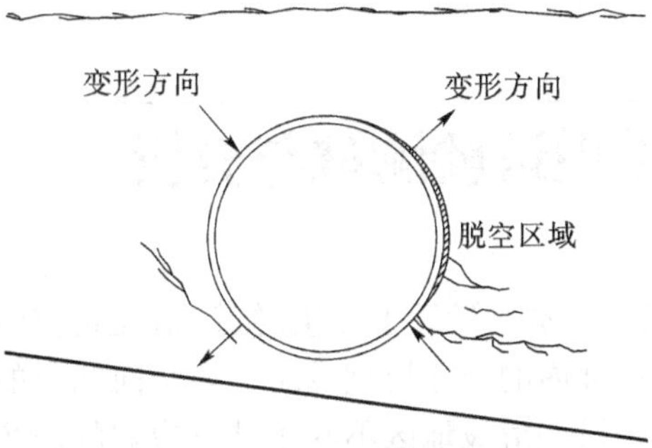

图 3-36　工况 1-1 条件下的隧道衬砌破坏模式

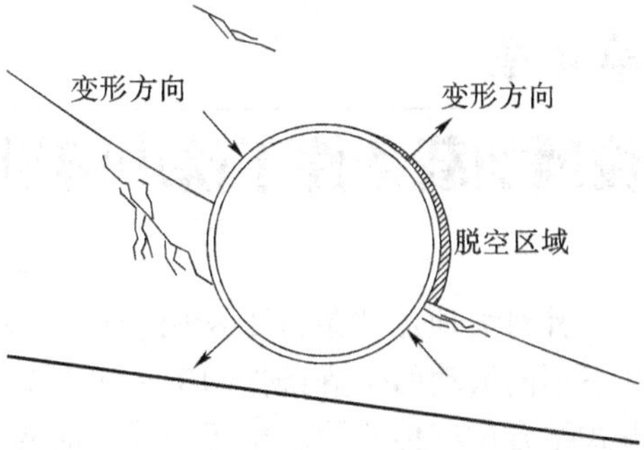

图 3-37　工况 1-2 条件下的隧道衬砌破坏模式

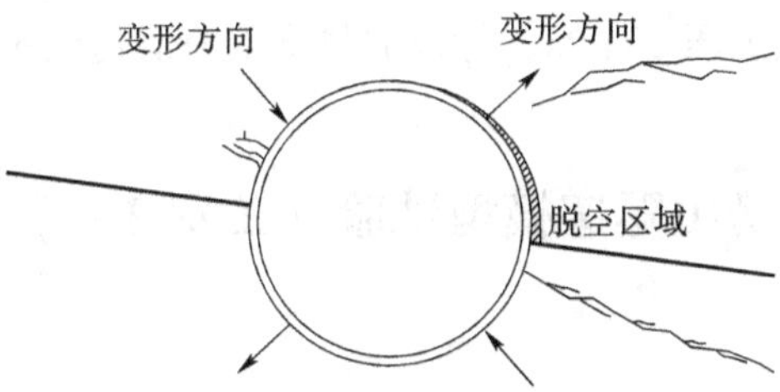

图 3-38　工况 2-1 条件下的隧道衬砌破坏模式

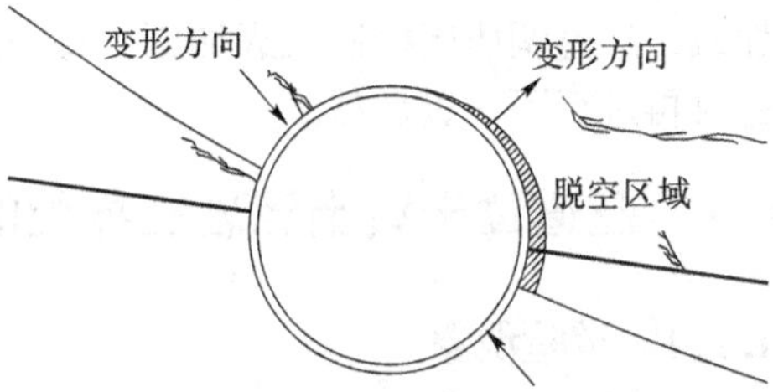

图 3-39　工况 2-2 条件下的隧道衬砌破坏模式

在 4 种工况条件下，隧道衬砌的受力变形趋势是一致的，衬砌应力最大区域位于隧道衬砌拱肩和拱脚位置，隧道衬砌右侧拱肩及左侧拱脚的外侧、衬砌左侧拱肩及右侧拱脚的内侧为隧道衬砌的受拉敏感区，易发生混凝土开裂、脱落。

总之，在傍山隧道中，脱空区域宽度与是否存在潜在滑动面关系密切，存在潜在滑动面工况的脱空区域宽度普遍大于无潜在滑动面工况。脱空区域的上边界起点靠近隧道顶部，下边界与潜在滑动面及地层交界面的位置有关。对比分析无潜在滑动面和有潜在滑动面的相似工况发现，在无潜在滑动面的工况条件下，衬砌周围裂缝发育位置趋近于潜在滑动面的位置，说明不论是否存在潜在滑动面，该区域都属于易破坏区域，应进行相关预防和加固。

第 4 章

坡顶加载条件下傍山隧道模型试验测试与分析

针对坡顶加载条件下傍山隧道模型试验，本章设计了 4 组隧道-滑坡正交体系下不同滑动面位置条件的黄土泥岩双层边坡内的隧道模型试验，以竖向加载的方式结合位移传感器、土压力计、应变片来研究滑坡地区不同条件下边坡的破坏模式及隧道衬砌的受力变形承载特性。

本章设计的 4 组傍山隧道模型试验均采用坡顶气囊逐级加载的方式进行坡顶加载，通过调压阀控制气囊加压，每一级加压 10 kPa，每级加载待压力值达到平稳时再进行下一级加载。

4.1 隧道位于黄土泥岩交界处的傍山隧道模型试验（工况 3-1）

4.1.1 试验现象

针对工况 3-1，在傍山隧道模型试验中共设计进行 19 级加载，竖向荷载加载至 190 kPa。试验开始初期，竖向荷载为 0~60 kPa，边坡整体无明显变化，未见明显现象。当竖向荷载增至 70 kPa 时，坡体顶部与加载板左侧接触面边缘出现斜向下发展裂缝，随着荷载增大，裂缝随之向下延伸。当竖向荷载达到 100 kPa时，坡体顶部与加载板右侧接触面边缘出现斜向下发展裂缝，并且随着荷载增大，裂缝向下延伸。当竖向荷载增至 110 kPa 时，可见坡肩处土体发生鼓胀，隧道左侧拱肩处土体开始出现裂缝。当竖向荷载增至 120 kPa 时，坡面可见裂缝沿黄土泥岩交界面发展至贯通。由于竖向荷载的影响，土体开始沿着黄土泥岩交界面剪出，隧道左部拱肩侧坡体裂缝继续发展至与隧道衬砌相交。当竖向荷载增至130 kPa时，坡脚处出现斜裂缝，裂缝倾斜方向与坡面一致，随着荷载的不断增大，裂缝逐渐向上发展。当荷载达到 150 kPa 时，坡脚处裂缝发展至隧道左下方，与隧道相交。当荷载增加至 190 kPa 时，坡体裂缝继续发展，隧道出现明显变形。在逐级加载试验中，隧道变形及坡面剪出破坏现象如图 4-1 所示。

4.1.2 边坡水平位移及坡内土压力分析

1. 边坡水平位移分析

根据位移传感器测得的位移数据绘制得到工况 3-1 中边坡水平位移与坡顶竖向荷载的关系曲线如图 4-2 所示。

（a）加载前正视图

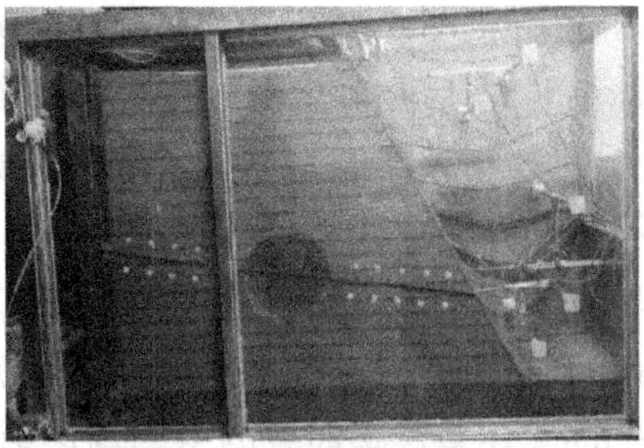

（b）加载后正视图

（c）坡面裂缝

（d）坡肩裂缝

（e）坡脚裂缝

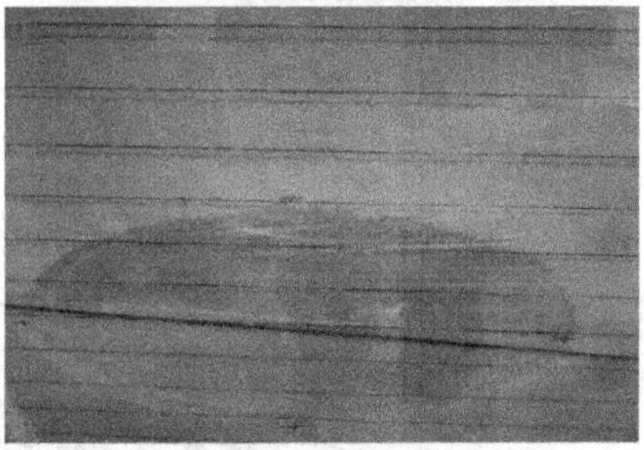

（f）隧道周边裂缝

图 4-1　工况 3-1 条件下隧道模型试验现象

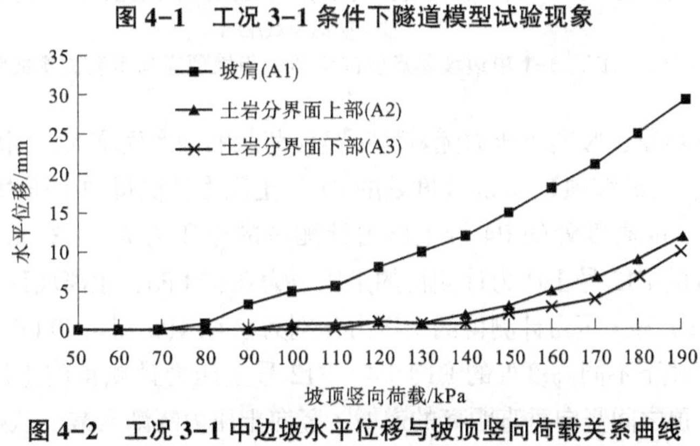

图 4-2　工况 3-1 中边坡水平位移与坡顶竖向荷载关系曲线

通过分析图 4-2 可知，黄土边坡坡肩处的水平位移最大，其次是黄土泥岩交界面上部，最后是黄土泥岩交界面下部。当坡顶竖向荷载在 0~70 kPa 时，坡面所有测点处均未产生水平位移。当荷载达到 80 kPa 时，坡肩开始产生位移，当荷载达到 190 kPa 时，位移达到 29 mm。当荷载达到 100 kPa 时，黄土泥岩交界面上部开始产生位移，当荷载达到 190 kPa 时，位移达到 12 mm。当荷载达到 120 kPa时，黄土泥岩交界面下部开始产生位移，当荷载达到190 kPa时，位移达到 10 mm。3 条位移曲线的斜率均逐渐增大，随着荷载的进一步增大，边坡滑移增速变快。

2. 坡内土压力分析

为了更加全面地了解坡内土压力的变化，将一部分土压力计水平放置，用于观测坡体竖向土压力；将另一部分土压力计竖向放置，用于观测坡体水平土压力。

1）竖向土压力

在针对工况 3-1 进行的模型试验中，P1、P4、P5、P7、P12 号土压力计为水平放置的土压力计，根据土压力计测到的应变值数据计算并绘制得到竖向土压力与坡顶竖向荷载的关系曲线如图 4-3 所示。

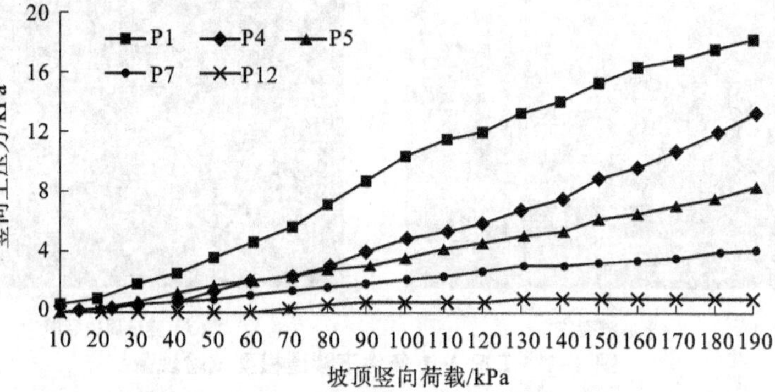

图 4-3　工况 3-1 中边坡测点竖向土压力与坡顶竖向荷载关系曲线

由图 4-3 可得，竖向土压力随着坡顶竖向荷载的增大而增大。当坡顶竖向荷载为 190 kPa 时，距离坡顶 0. 28 m 高度处的 P1 号土压力计测得的土压力为18. 15 kPa，距离坡顶 0. 475 m 高度处的 P4 号土压力计测得的土压力为 13. 34 kPa，距离坡顶 1. 01 m 高度处的 P12 号土压力计测得的土压力为 0. 92 kPa，距离坡顶 0. 619 m 高度处的 P5 号和 P7 号土压力计测得的土压力分别为 8. 43 kPa 和 4. 49 kPa。

从同一竖线下不同高度处的 P1、P4、P12 号土压力计测得的土压力值可以看出，随着与坡顶之间竖向垂直距离的递增，竖向土压力逐渐衰减。从处于相同高度且位于隧道衬砌左右两侧的 P5、P7 号土压力计测得的土压力可以看出，靠近坡面侧的竖向土压力小于靠近坡背侧的竖向土压力，表明隧道存在显著的偏压特性。

2）水平土压力

针对工况 3-1 进行的模型试验中，P6、P8、P9、P10 号土压力计为竖向放置的土压力计，根据土压力计测到的应变值数据计算并绘制得到水平土压力与坡顶竖向荷载的关系曲线如图 4-4 所示。

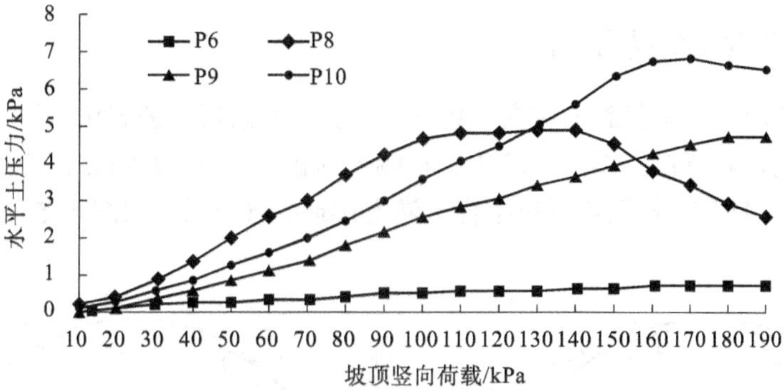

图 4-4　工况 3-1 中边坡测点水平土压力与坡顶竖向荷载关系曲线

与竖向土压力不同，水平土压力并未随着坡顶竖向荷载的增加而一直递增。当坡顶竖向荷载为 0~170 kPa 时，P6 号土压力计所处位置的水平土压力持续递增，在 170 kPa以后保持稳定，在坡顶竖向荷载为 190 kPa 时水平土压力为 0. 74 kPa。

当坡顶竖向荷载为 0~100 kPa 时，P8 号土压力计所处位置的水平土压力持续增加。当坡顶竖向荷载为 100 kPa 时，该点位水平土压力为 4. 67 kPa。当坡顶竖向荷载为 100~140 kPa 时，该点位水平土压力变化不大。当坡顶竖向荷载增至 150 kPa 时，该点位水平土压力开始减小，直至当坡顶竖向荷载为 190 kPa 时，该点位水平土压力为 2. 55 kPa。

当坡顶竖向荷载为 0~180 kPa 时，P9 号土压力计所处位置的水平土压力持续递增，当荷载达到 190 kPa 时，该点位水平土压力为 4. 82 kPa。

当坡顶竖向荷载为 0~170 kPa 时 P10 号土压力计所处位置的水平土压力持续增加，并且在170 kPa时增量放缓，此时该点位水平土压力为 6. 85 kPa。当坡顶竖向荷载增至 180 kPa 时，该点位水平土压力开始减小，直至坡顶竖向荷载达到 190 kPa时，该点位水平土压力为 6. 56 kPa。

边坡水平土压力的增加反映出该点位边坡土体被持续挤压，而在竖向荷载的持续加压过程中，坡体黄土部分开始产生滑移剪出，此时该点位土压力增量开始放缓，随着位移的增大，该点位土体无法受到更大挤压，甚至开始变得松散，导致土压力开始衰减。在试验中，位移传感器 A2 处在坡顶竖向荷载为100 kPa时产生位移，在坡顶竖向荷载为 140 kPa 时，该点位处的位移增量加大，位移进一步增大。而靠近位移传感器 A2 的 P8 号水平土压力计在坡顶竖向荷载为100 kPa时水平土压力增量减小，并在坡顶竖向荷载为 150 kPa 时开始减小。位移传感器 A3 处位移在坡顶竖向荷载为 170 kPa 时的增量加大，位移进一步增大，靠近位移传感器 A3 的 P10 号土压力计在坡顶竖向荷载增至 180 kPa 时，该点位水平土压力开始减小。位移与土压力的变化规律可以相互验证。

4.1.3 隧道衬砌的受力分析

将静态应变仪采集到的应变片数据代入隧道衬砌弯矩公式中，可以得到相应测点的隧道衬砌弯矩。本次试验中，在隧道衬砌布设 16 处测点，测点内外均布置应变片，根据 16 处测点弯矩拟合出隧道衬砌的弯矩图，如图 4-5 所示。

单位：N · m

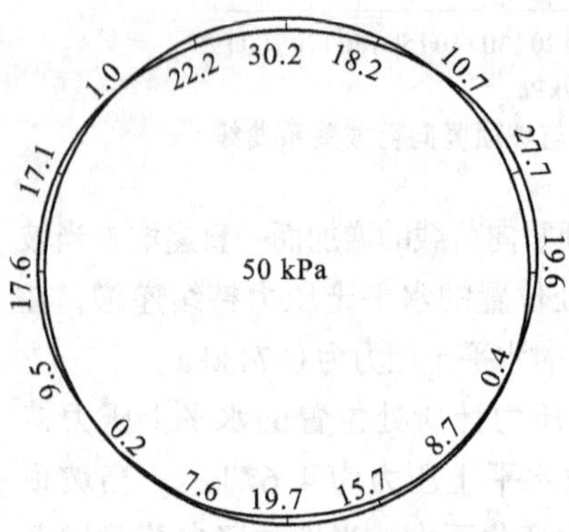

（a）坡顶竖向荷载为50 kPa

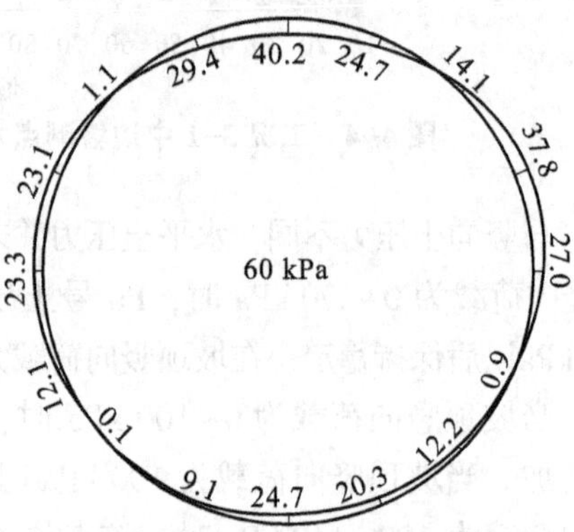

（b）坡顶竖向荷载为60 kPa

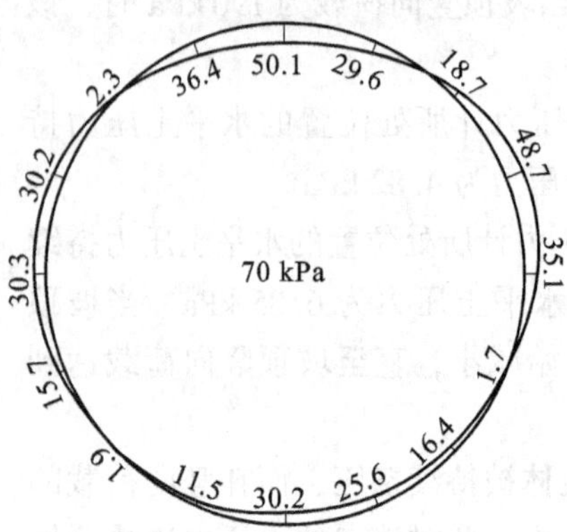

（c）坡顶竖向荷载为70 kPa

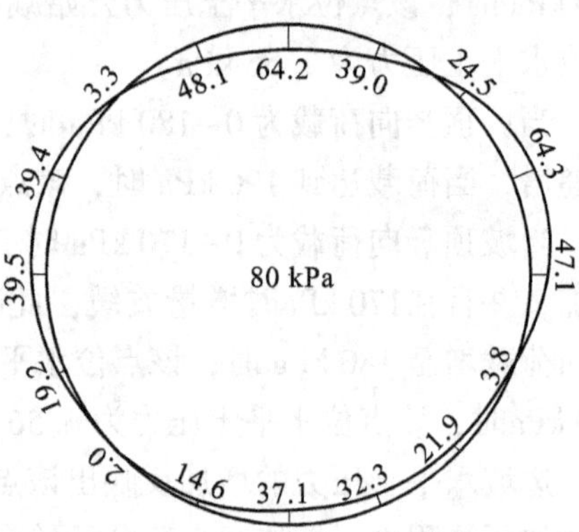

（d）坡顶竖向荷载为80 kPa

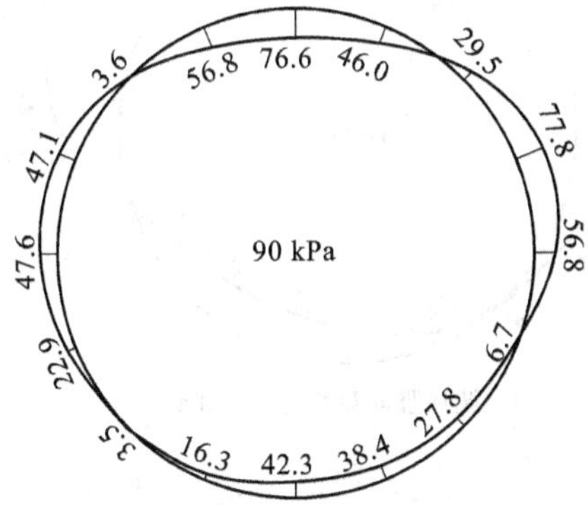

（e）坡顶竖向荷载为90 kPa

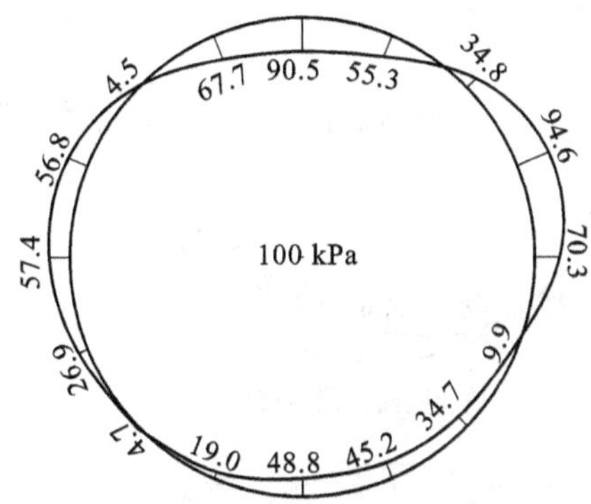

（f）坡顶竖向荷载为100 kPa

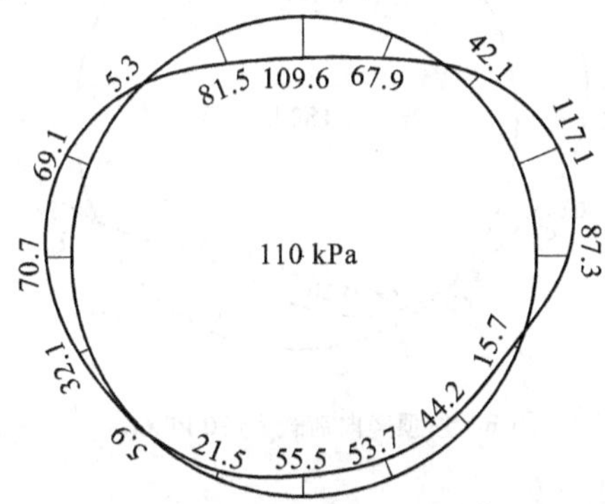

（g）坡顶竖向荷载为110 kPa

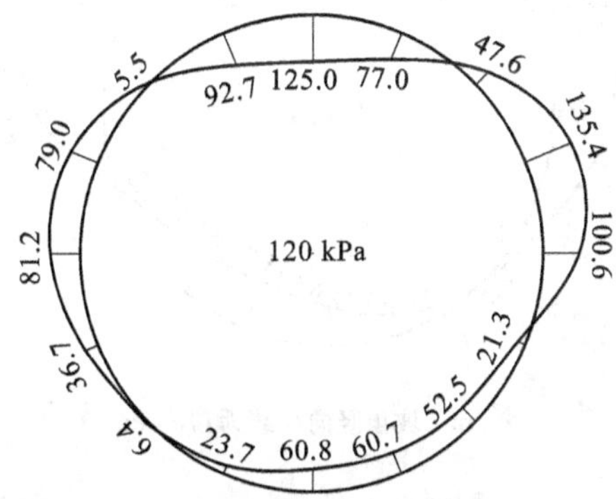

（h）坡顶竖向荷载为120 kPa

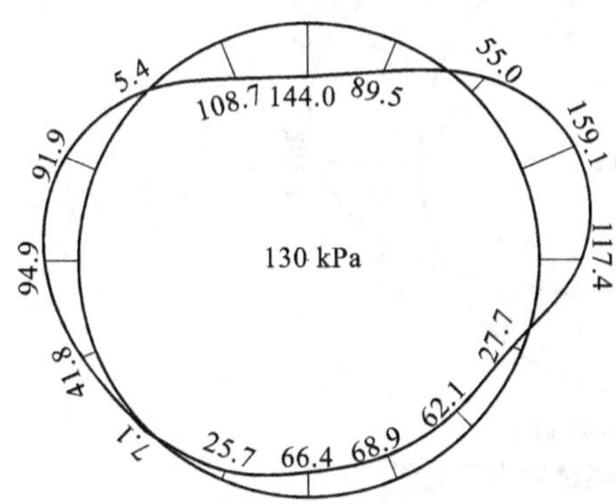

（i）坡顶竖向荷载为130 kPa

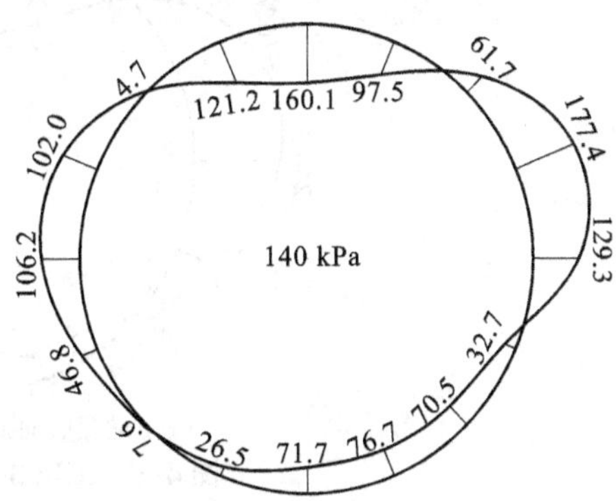

（j）坡顶竖向荷载为140 kPa

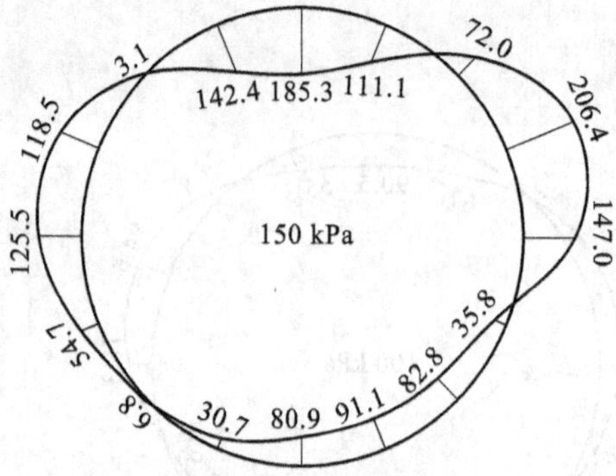

（k）坡顶竖向荷载为150 kPa

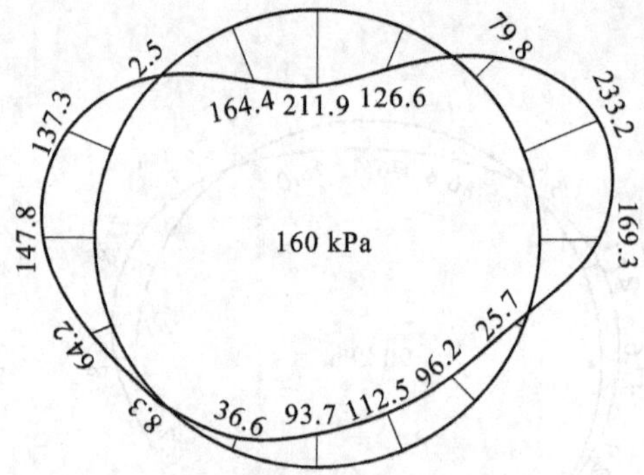

（l）坡顶竖向荷载为160 kPa

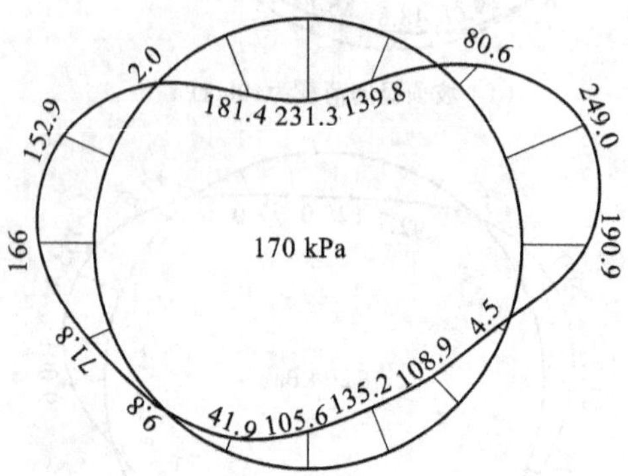

（m）坡顶竖向荷载为170 kPa

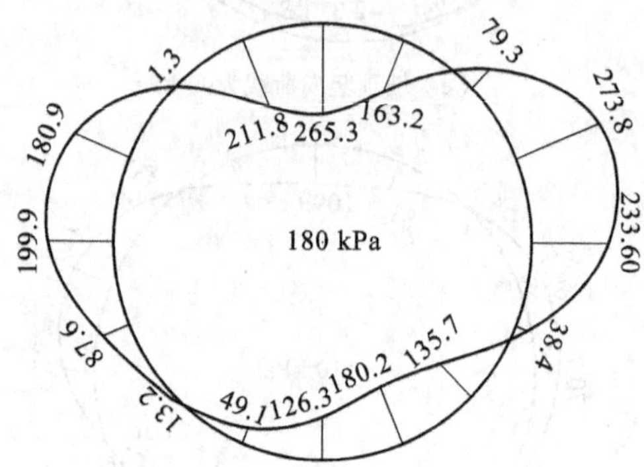

（n）坡顶竖向荷载为180 kPa

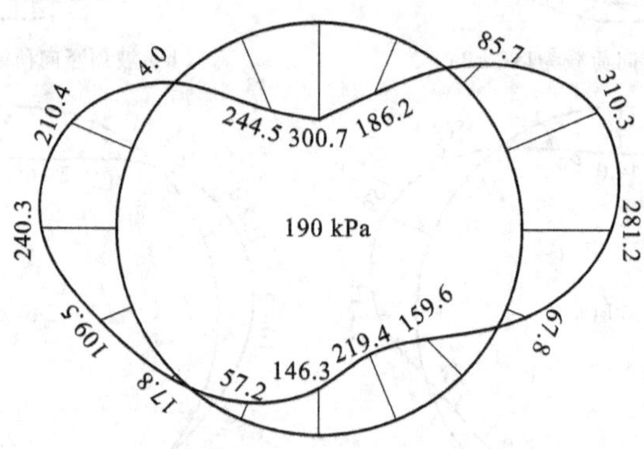

（o）坡顶竖向荷载为190 kPa

图 4-5　工况 3-1 中隧道衬砌弯矩图

当坡顶竖向荷载为 0~40 kPa 时，应变片采集到的应变值较小，考虑到应变片的精度误差，弯矩图从坡顶竖向荷载为 50 kPa 时开始绘制。隧道衬砌上共有 4 个零弯矩点，这 4 个零弯矩点将隧道衬砌划分为 4 块区域。将隧道衬砌上半部分外侧受压区域称为上部受压区，将隧道衬砌下半部分外侧受压区域称为下部受压区，将隧道衬砌远离坡面侧的左半部分外侧受压区域称为左侧受拉区，将隧道衬砌邻近坡面的右半部分外侧受压区域称为右侧受拉区。整个试验过程中，上部受压区弯矩极大值位于拱顶 S1 点位处，未发生改变；下部受压区弯矩极大值位置在坡顶竖向荷载为 130 kPa 时由拱底 S9 点位处转变为拱脚 S8 点位处；左侧受拉区弯矩极大值始终位于拱腰 S13 点位处；右侧受拉区弯矩极大值始终位于拱肩 S4 点位处。当坡顶竖向荷载为 190 kPa 时，上部受压区弯矩极大值为 300. 7 N · m，下部受压区弯矩极大值为 219. 4 N · m，上部受压区弯矩极大值比下部受压区弯矩极大值大 37. 1%。右侧受拉区弯矩极大值为 310. 3 N · m，左侧受拉区弯矩极大值为 240. 3 N · m，右侧受拉区弯矩极大值比左侧受拉区弯矩极大值大 29. 1%。弯矩最大值位于隧道衬砌右侧拱肩 S4 点位处。

根据材料力学可知，弯矩的变化快慢反映了隧道衬砌的剪力情况，因此零弯矩点处剪力最大。试验过程中零弯矩点的位置变化微小，主要位于两侧拱肩、左侧拱脚及右侧拱腰处。试验过程中，位于右侧拱腰 S6 点位及左侧拱肩 S15 点位处的弯矩受力方向发生改变。S6、S15 点位处的弯矩变化过程如图 4-6、图 4-7 所示。当弯矩值为负值时，隧道衬砌外侧受压。

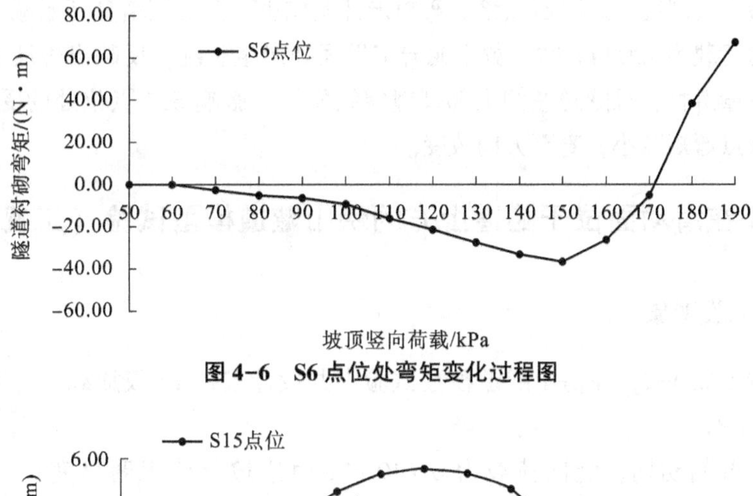

图 4-6　S6 点位处弯矩变化过程图

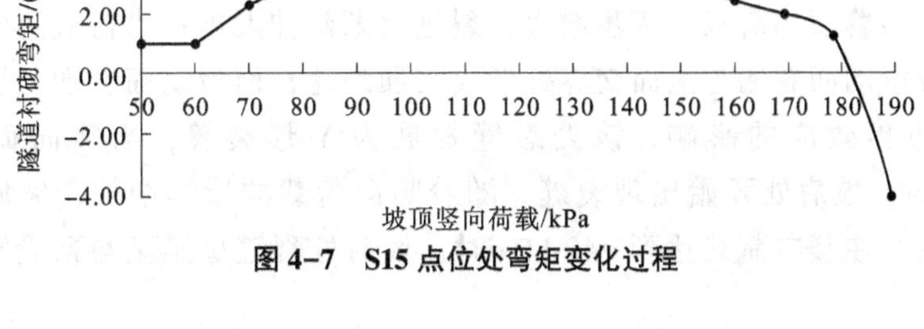

图 4-7　S15 点位处弯矩变化过程

从S6点位处的弯矩变化过程图可以看出，当坡顶竖向荷载从0增至150 kPa的过程中，弯矩持续增大，在荷载为150 kPa时达到峰值，此时该点处的隧道衬砌外侧受压。当坡顶竖向荷载增至160 kPa时，该点处的弯矩开始减少，直至荷载增至180 kPa时，隧道衬砌弯矩方向改变，此时该点隧道衬砌外侧为受拉侧。从试验现象来看，当坡顶竖向荷载增至130 kPa，坡脚处出现斜裂缝，裂缝倾斜方向与坡面一致时，随着荷载的不断增大，裂缝有向隧道处平行向上发展的趋势。当荷载达到150 kPa时，坡脚处裂缝发展至隧道左下方，与隧道相交。由于裂缝的产生改变了该点位处隧道衬砌的约束条件，使得受力发生改变，从而导致该点位处弯矩开始减小。随着荷载的进一步增加，裂缝进一步扩大，使得S6点位处的弯矩从外侧受压变为外侧受拉。

从S15点位处的弯矩变化过程图可以看出，在坡顶竖向荷载从0增至120 kPa的过程中，弯矩持续增大，当荷载为120 kPa时达到峰值，此时该点处隧道衬砌外侧受拉。自坡顶竖向荷载增至130 kPa开始，该点位处的弯矩开始减小。当坡顶竖向荷载增大至190 kPa时，该点处的弯矩方向发生改变，此时S15点位处的隧道衬砌外侧受压。从试验现象来看，当坡顶竖向荷载为110 kPa时，隧道左侧上部开始出现裂缝，此时虽然该点弯矩未开始减小，但弯矩增量开始减小，且当坡顶竖向荷载为120 kPa时，黄土泥岩交界面处产生裂缝，反映出边坡上半部土体发生少量滑移，且隧道左侧上部裂缝继续发展，影响S15点位处的受力情况，从而使该点弯矩减小，直至方向改变。

4.2 潜在滑动面位于隧道上方的傍山隧道模型试验（工况3-2）

4.2.1 试验现象

针对工况3-2，在傍山隧道模型试验中共设计进行17级加载，竖向荷载加载至170 kPa。

试验开始初期，竖向荷载为0~40 kPa时边坡整体无明显变化，试验整体未见明显变形现象；当竖向荷载增至50 kPa时，预设滑动面两端均开始出现裂缝，随着顶部荷载的逐步增大，裂缝逐渐延伸发展；当荷载达到80 kPa时，预设滑动面右端与坡面交界处形成贯通裂缝，而滑动面左端与坡顶交界处由于边界效应的影响，该处裂缝发展为Y形裂缝；当竖向荷载达到100 kPa时，坡肩处开始出现裂缝，随着竖向荷载的持续增加，坡肩处裂缝向下发展，在竖向荷载达到140 kPa时，坡肩处裂缝蔓延至与预设滑动面相交；当竖向荷载达到 110 kPa 时，滑体处坡顶边缘可见密集裂缝；当竖向荷载为 130 kPa 时，隧道左上部出现竖向微裂缝，同时黄土泥岩交界面与坡面相交处出现裂缝，同时出现一个斜裂缝贯通整个坡面，随着荷载的进一步增加，裂缝持续发展，在竖向荷载达到 170 kPa 时，隧道出现明显变形。在试验过程中，隧道变形及坡面剪出破坏现象如图 4-8 所示。

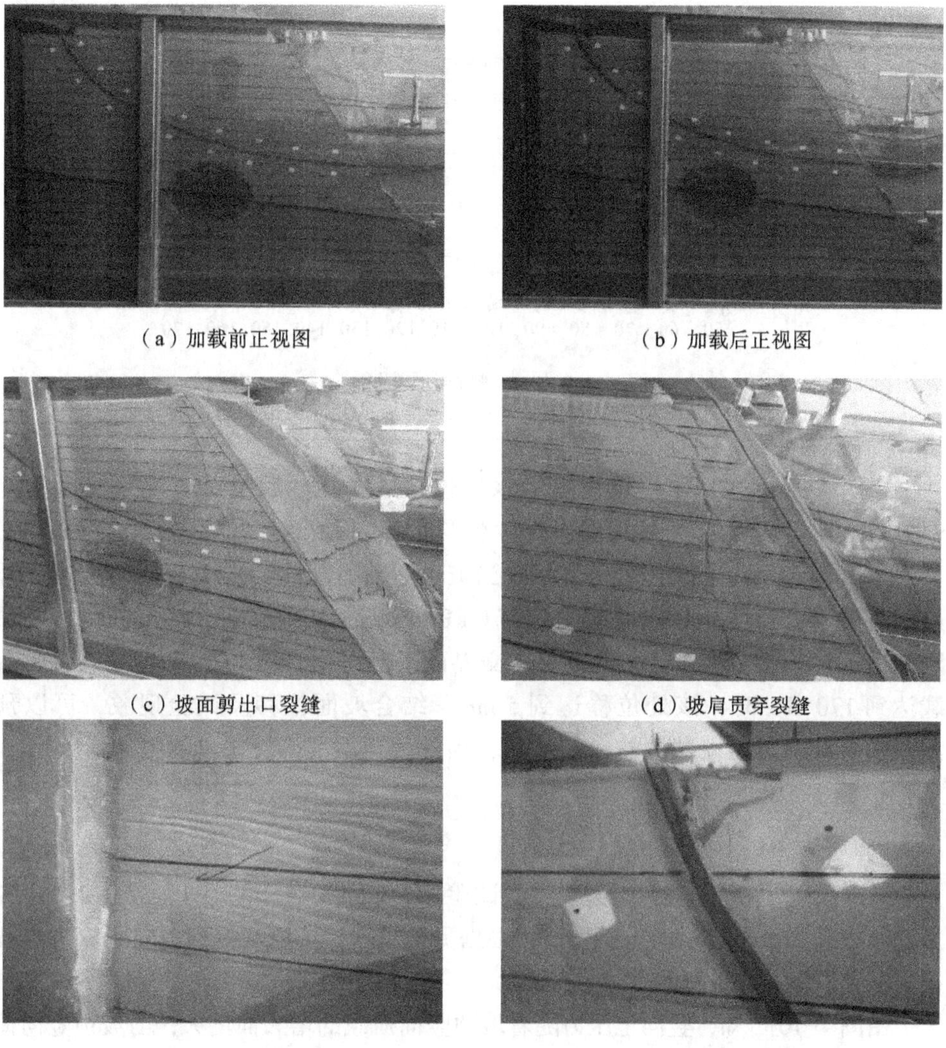

（a）加载前正视图　（b）加载后正视图

（c）坡面剪出口裂缝　（d）坡肩贯穿裂缝

（e）隧道上方出现微裂缝　（f）坡顶出现裂缝

图 4-8　工况 3-2 条件下隧道模型试验现象

4.2.2 边坡水平位移及坡内土压力分析

1. 边坡水平位移分析

根据位移传感器测到的位移数据绘制得到工况 3-2 中边坡水平位移与坡顶竖向荷载的关系曲线如图 4-9 所示。

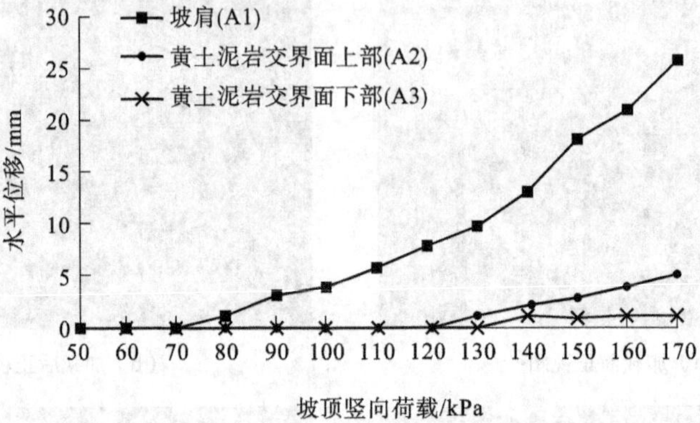

图 4-9 工况 3-2 中边坡水平位移与坡顶竖向荷载关系曲线

由图 4-9 可知，边坡坡肩处的水平位移最大，然后是黄土泥岩交界面上部，黄土泥岩交界面下部几乎未产生位移。当坡顶竖向荷载在 0~70 kPa 时，坡面所有测点处均未产生水平位移。当坡顶竖向荷载达到 80 kPa 时，坡肩处开始产生位移，当坡顶竖向荷载达到 170 kPa 时，该处位移达到 26 mm。当坡顶竖向荷载达到 130 kPa 时，黄土泥岩交界面上部开始产生位移；当坡顶竖向荷载达到 170 kPa 时，该处位移达到 5 mm。结合坡面位移及试验现象，可以预测，随着坡顶竖向荷载的进一步增加，预设滑动面上部滑块可能整体滑落。

2. 坡内土压力分析

1）竖向土压力

针对工况 3-2，在傍山隧道模型试验中，P1、P2、P3、P4、P5、P7、P12 号土压力计为水平放置的土压力计，根据测得数据计算绘制得到竖向土压力与坡顶竖向荷载的关系曲线如图 4-10 所示。

由图 4-10 可知，竖向土压力随着坡顶竖向荷载的增大而增大，当坡顶竖向荷载为 170 kPa 时，距离坡顶 0.28 m 高度处的 P1 号土压力计测得的土压力为 14.29 kPa，距离坡顶 0.475 m 高度处的 P4 号土压力计测得的土压力为11.55 kPa，距离坡顶 1.01 m 高度处的 P12 号土压力计测得的土压力为 0.87 kPa，距离坡顶 0.226 m 高度处的 P2 和 P3 号土压力计测得的土压力分别为 10.21 kPa 和 15.97 kPa，距离坡顶 0. 619 m 高度处的 P5 号和 P7 号土压力计测得的土压力分别为 9. 75 kPa 和 6. 34 kPa。

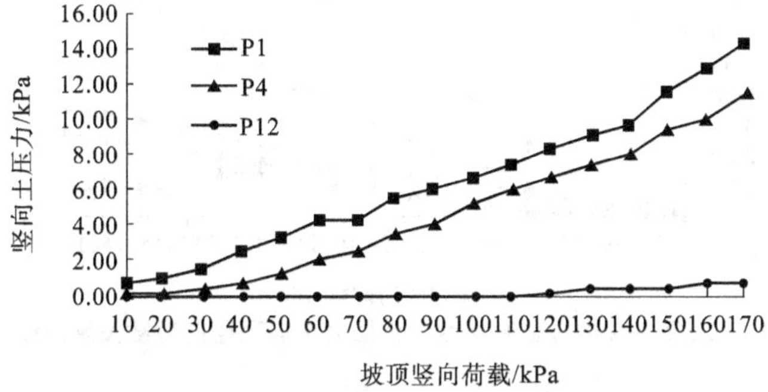

（a）P1、P4、P12号土压力计所在位置处竖向土压力与坡顶竖向荷载关系曲线

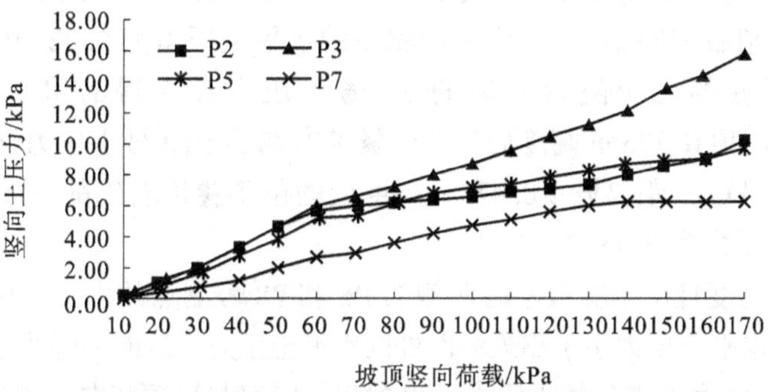

（b）P2、P3、P5、P7号土压力计所在位置处竖向土压力与坡顶竖向荷载关系曲线

图 4-10　工况 3-2 中边坡测点竖向土压力与坡顶竖向荷载关系曲线

从同一竖线下不同高度处的 P1、P4、P12 号土压力计测得的土压力可以看出，随着与坡顶竖向距离的递增，竖向土压力逐渐衰减。从处于相同高度且位于隧道衬砌左右两侧的 P5、P7 号土压力计测得的土压力可以看出，靠近坡面侧的竖向土压力小于靠近坡背侧的竖向土压力。从处于相同高度且位于滑动面左右两侧的 P2、P3 号土压力计测得的土压力可以看出，位于滑体侧的竖向土压力大于非滑体内的竖向土压力。

对于 P7 号测点，从坡顶竖向荷载为 130 kPa 起，该测点处的竖向土压力变化开始趋于稳定，而此时黄土泥岩交界面处出现裂缝，表明土体被剪出。

2）水平土压力

针对工况 3-2，在傍山隧道模型试验中，P6、P8、P9、P10、P11 号土压力计为竖向放置的土压力计，根据土压力计测到的应变值数据计算并绘制得到水平土压力与坡顶竖向荷载的关系曲线如图 4-11 所示。

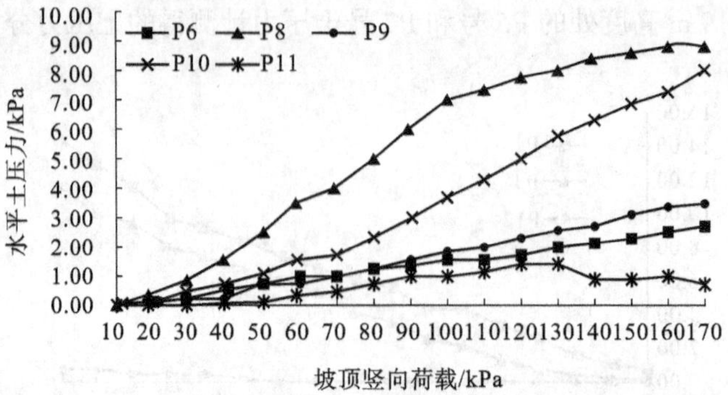

图 4-11　工况 3-2 中边坡测点水平土压力与坡顶竖向荷载关系曲线

由图 4-11 可知，当坡顶竖向荷载为 170 kPa 时，距离坡顶 0.619 m 高度处的位于隧道左侧的 P6 号土压力计测得的水平土压力为 2.81 kPa，距离坡顶 0.619 m 高度处的位于隧道右侧的 P8 号土压力计测得的水平土压力为 9.02 kPa，距离坡顶 0.695 m 高度处的位于隧道左侧的 P9 号土压力计测得的水平土压力为 3.54 kPa，距离坡顶 0.775 m 高度处的位于隧道右侧的 P10 号土压力计测得的水平土压力为 8.10 kPa，距离坡顶 0.475 m 高度处的位于隧道右侧的 P11 号土压力计测得的水平土压力为 0.78 kPa。

从处于相同高度且位于隧道左右两侧的 P6 和 P8 号测点的水平土压力可以看出，靠近坡背的水平土压力小于靠近坡面处的水平土压力。从同一竖线下不同高度处的 P11、P8、P10 号测点处的土压力可以看出，随着与坡顶竖向距离的递增，水平土压力并非递减，而是在位于 P10 和 P11 号测点之间的 P8 号测点处，水平土压力达到最大，可以预测水平土压力最大值位于 P11 号测点与 P10 号测点之间。

P8 号测点处的水平土压力，在坡顶竖向荷载为 100 kPa 时增量放缓；P11 号测点处的水平土压力，在坡顶竖向荷载为 140 kPa 时开始减小。试验过程中，当坡顶竖向荷载为 80 kPa 时，预设滑动面处产生裂缝。当裂缝产生，土体开始滑移之后，相应的水平土压力开始保持稳定或者减小。

4.2.3　隧道衬砌的受力分析

根据模型试验过程中静态应变仪采集到的应变数据计算并绘制成隧道衬砌弯矩图，如图 4-12 所示。

在模型试验过程中，上部受压区弯矩极大值位于隧道拱顶 S1 点位处，下部受压区弯矩极大值位于隧道拱脚 S7 点位处；背坡侧受拉区弯矩极大值始终位于隧道拱腰 S13 点位处；邻坡侧受拉区弯矩极大值始终位于隧道拱肩 S4 点位处。当坡顶竖向荷载为 170 kPa 时，上部受压区弯矩极大值为 216.4 N·m，下部受压区弯矩极大值为 135. 1 N · m，上部受压区弯矩极大值比下部受压区弯矩极大值大 60. 2%；邻坡侧受拉区弯矩极大值为 259. 4 N · m，背坡侧受拉区弯矩极大值为 171. 4 N · m，邻坡侧受拉区弯矩极大值比背坡侧受拉区弯矩极大值大 51. 3%。弯矩最大值位于隧道衬砌右侧拱肩 S4 点位处。试验过程中弯矩零点的位置变化微小，主要位于左侧拱肩、左侧拱脚、右侧拱顶及右侧拱腰处。

单位：N · m

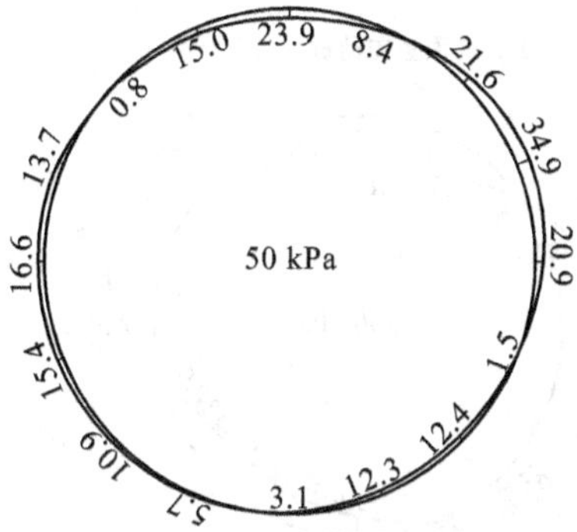

（a）坡顶竖向荷载为50 kPa

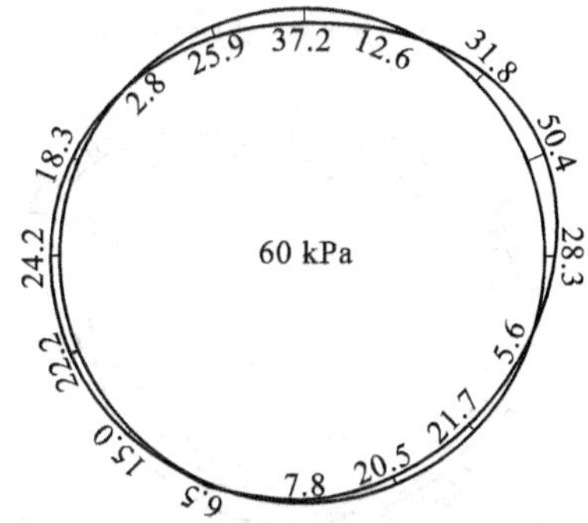

（b）坡顶竖向荷载为60 kPa

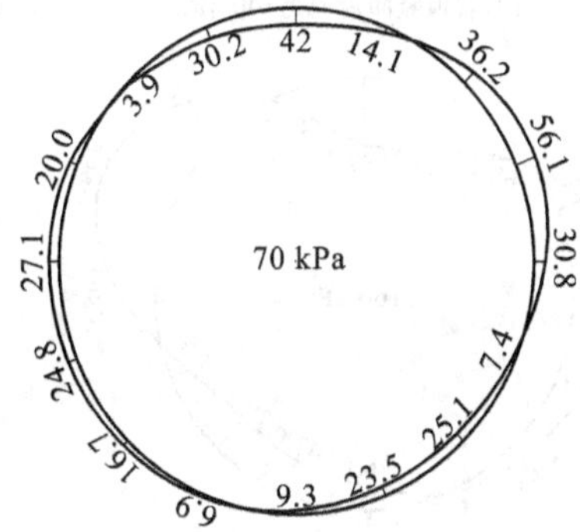

（c）坡顶竖向荷载为70 kPa

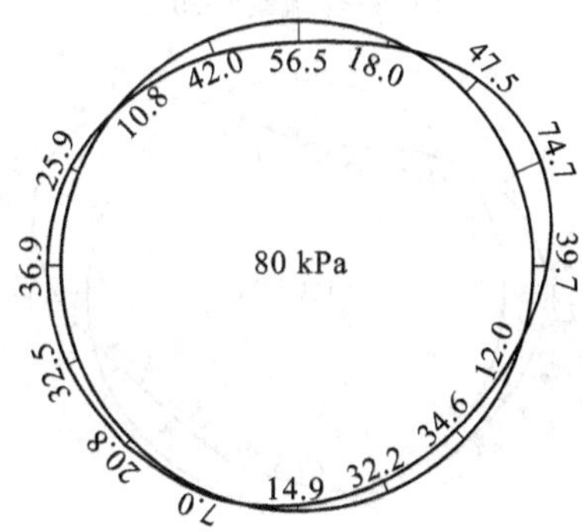

（d）坡顶竖向荷载为80 kPa

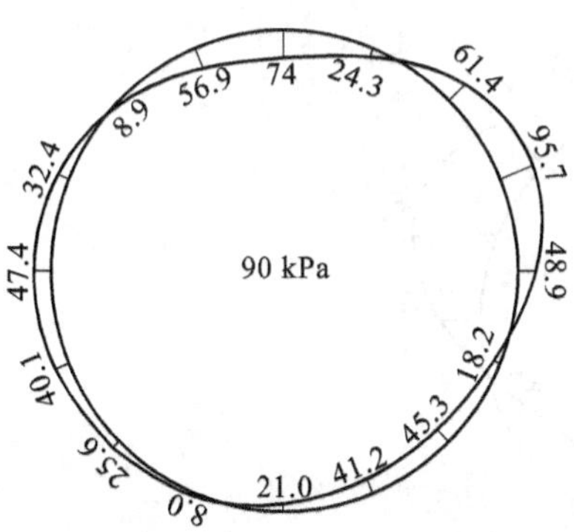

（e）坡顶竖向荷载为90 kPa

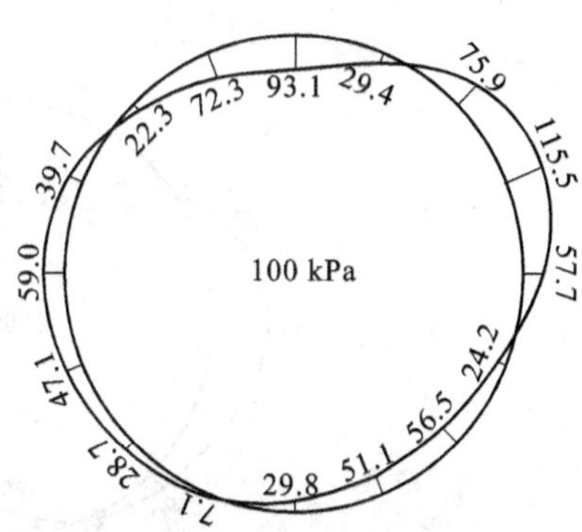

（f）坡顶竖向荷载为100 kPa

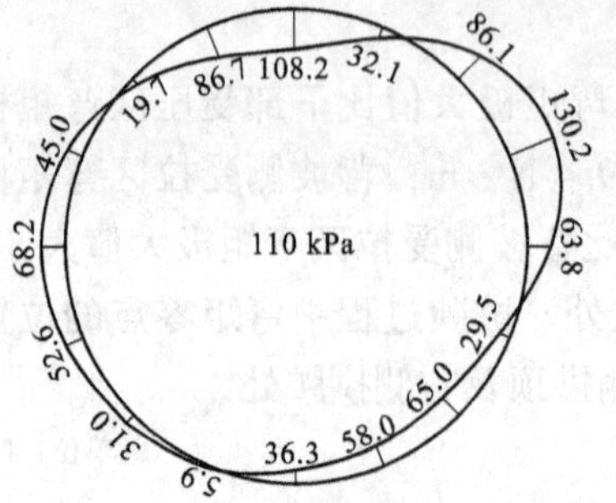

（g）坡顶竖向荷载为110 kPa

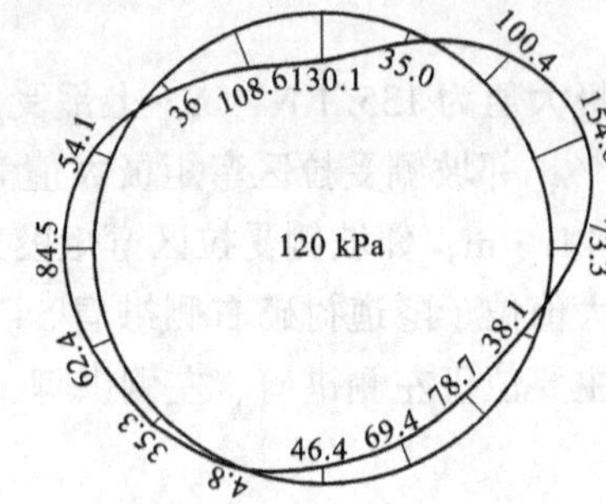

（h）坡顶竖向荷载为120 kPa

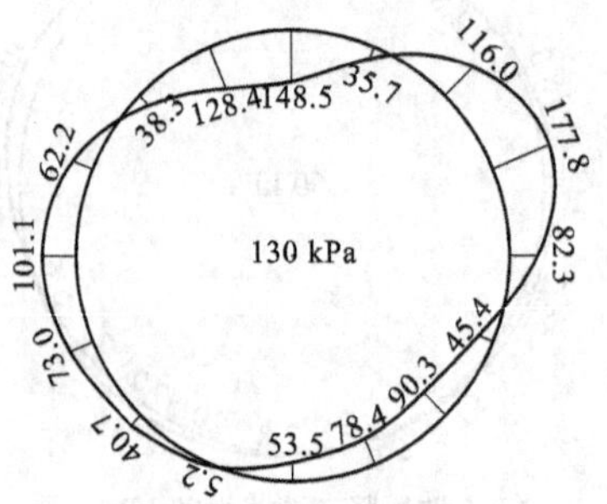

（i）坡顶竖向荷载为130 kPa

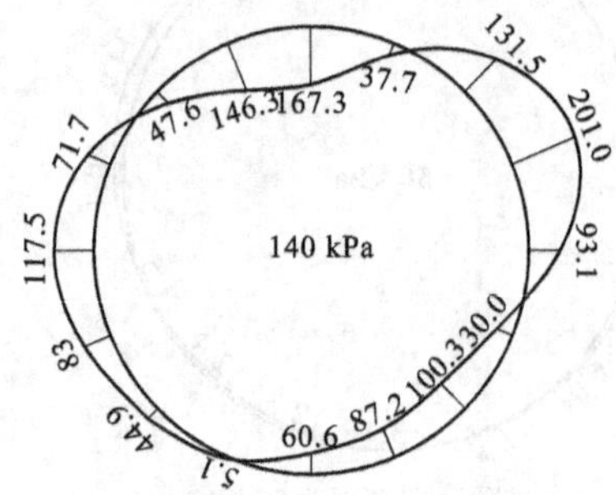

（j）坡顶竖向荷载为140 kPa

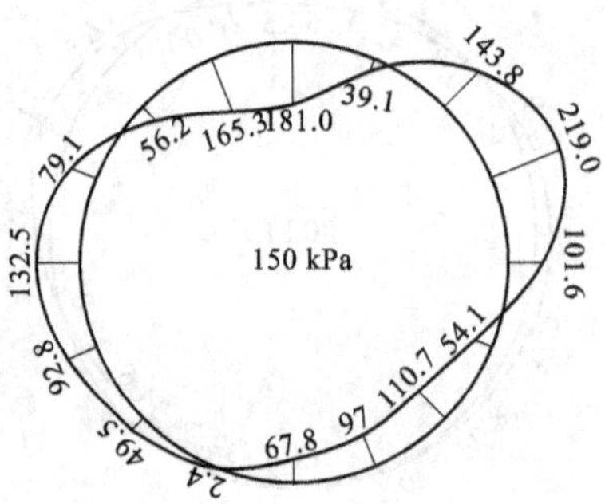

（k）坡顶竖向荷载为150 kPa

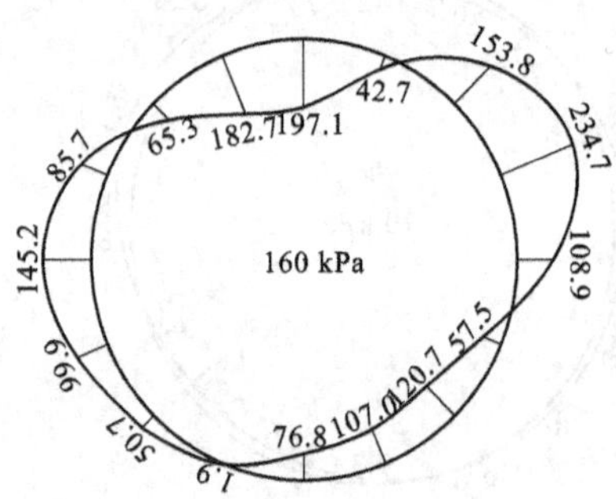

（l）坡顶竖向荷载为160 kPa

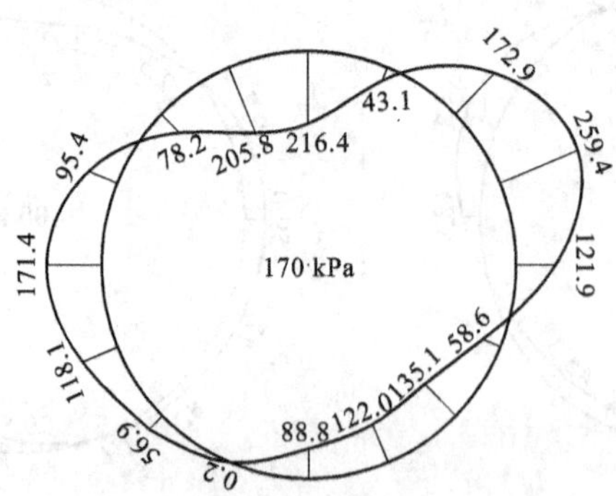

（m）坡顶竖向荷载为170 kPa

图 4-12　工况 3-2 中隧道衬砌弯矩图

4.3　潜在滑动面贯穿隧道上拱部的傍山隧道模型试验（工况 3-3）

4.3.1　试验现象

工况 3-3 条件下的傍山隧道模型试验共设计进行 16 级加载，坡顶竖向荷载加载至 160 kPa。

试验开始初期，当坡顶竖向荷载为 0～40 kPa 时，边坡整体无明显变化，试验整体未见明显变形现象。当坡顶竖向荷载达到 50 kPa 时，预设滑动面左侧与坡顶交界处产生裂缝，随着荷载的增大，该处裂缝沿预设滑动面不断发展。当坡顶竖向荷载增至 70 kPa 时，隧道左侧边缘与预设滑动面之间产生裂缝，裂缝从预设滑动面处产生，随着坡顶竖向荷载的增加，裂缝从上往下蔓延，当荷载达到90 kPa时，裂缝蔓延至隧道边缘处。当坡顶竖向荷载为 80 kPa 时，坡顶预设滑动面处出现 Y 形裂缝。当坡顶竖向荷载增至 90 kPa 时，预设滑动面与坡面交界处出现贯穿裂缝，滑动面上部黄土有滑动迹象，并且随着荷载的增加，滑动面上部黄土逐渐产生滑动位移，坡肩至滑动面处位移量呈递增趋势。当坡顶竖向荷载达到 140 kPa 时，坡顶中部可见裂缝。当坡顶竖向荷载为150 kPa时，加载面右边缘靠近坡肩处产生裂缝，随着荷载的增加，裂缝不断向下延伸。当坡顶竖向荷载达到 160 kPa 时，隧道出现明显变形，坡体未出现其他明显破坏现象，试验停止。试验中隧道变形及坡面剪出破坏现象如图4-13所示。

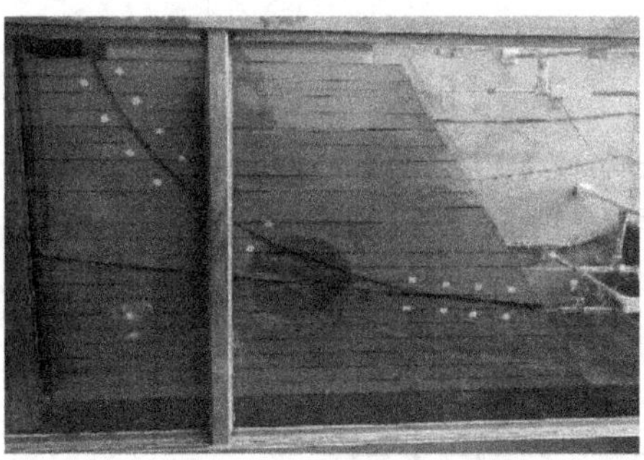

（a）加载前正视图

（b）加载后正视图

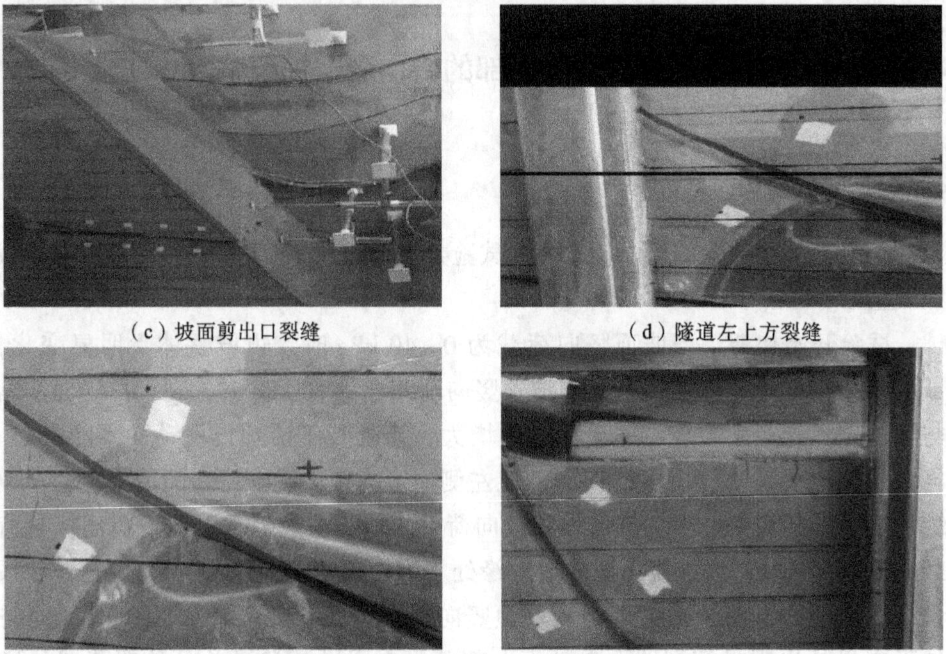

（c）坡面剪出口裂缝　　（d）隧道左上方裂缝

（e）隧道左上方裂缝放大图　　（f）坡顶部出现裂缝

图 4-13　工况 3-3 条件下隧道模型试验现象

4.3.2　边坡水平位移及坡内土压力分析

1. 边坡水平位移分析

根据位移传感器测到的位移数据绘制得到工况 3-3 中边坡水平位移与坡顶竖向荷载的关系曲线如图 4-14 所示。

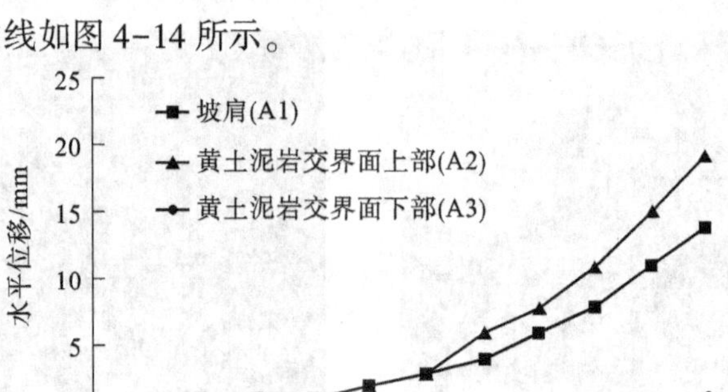

图 4-14　工况 3-3 中边坡水平位移与坡顶竖向荷载关系曲线

由图 4-14 可得出，黄土泥岩交界面上部处的水平位移最大，其次是黄土边坡坡肩处黄土泥岩交界面下部泥岩部分的边缘几乎未产生位移。坡肩在坡顶竖向荷载为 60 kPa 时开始产生位移，黄土泥岩交界面上部在 80 kPa 时产生位移。当坡顶竖向荷载增大至 160 kPa 时，坡肩处位移为 14 mm，黄土泥岩交界面上部处为 19 mm。边坡具有继续滑移趋势。

2. 坡内土压力分析

为了更加全面地了解坡体内的应力变化，将一部分土压力计水平放置，用于观测坡体竖向土压力；将另一部分土压力计竖向放置，用于观测坡体水平土压力。

1）竖向土压力

工况 3-3 条件下，P1、P2、P3、P4、P5、P7、P12 号土压力计为水平放置的土压力计，根据土压力计测到的应变值数据计算并绘制得到竖向土压力与坡顶竖向荷载的关系曲线，如图 4-15 所示。

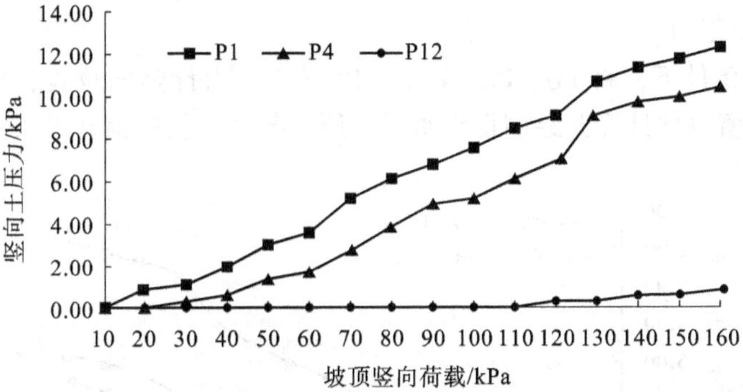

（a）P1、P4、P12号土压力计测得的竖向土压力与坡顶竖向荷载关系曲线

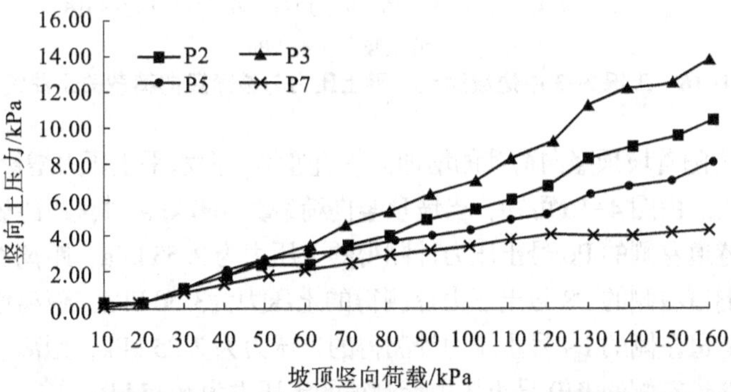

（b）P2、P3、P5、P7号土压力计测得的竖向土压力与坡顶竖向荷载关系曲线

图 4-15　工况 3-3 中边坡测点竖向土压力与坡顶竖向荷载关系曲线

竖向土压力随着坡顶竖向荷载的增大而增加。当坡顶竖向荷载为 160 kPa 时，距离坡顶 0. 28 m 高度处的 P1 号土压力计测得的土压力为 12. 66 kPa，距离坡顶 0. 475 m 高度处的 P4 号土压力计测得的土压力为 10. 89 kPa，距离坡顶 1. 01 m 高度处的 P12 号土压力计测得的土压力为 0. 83 kPa，距离坡顶 0. 28 m 高度处的 P2 和 P3 号土压力计测得的土压力分别为 10. 37 kPa 和 13. 97 kPa，距离坡顶 0. 619 m 高度处的 P5 号和 P7 号土压力计测得的土压力分别为 8. 12 kPa 和 4. 49 kPa。

从同一竖线下不同高度处的 P1、P4、P12 号土压力计测得的土压力可以看出，随着与坡顶竖向距离的递增，竖向土压力逐渐衰减。从处于相同高度且位于隧道衬砌左右两侧的 P5、P7 号土压力计测得的土压力可以看出，靠近坡面侧的竖向土压力小于靠近坡背侧的竖向土压力。从处于相同高度且位于滑动面左右两侧的 P2、P3 号土压力计测得的土压力可以看出，位于滑体侧的竖向土压力大于非滑体内的竖向土压力。同时在同一高度下，P1 号土压力计测得的竖向土压力小于 P3 号，因此可知在该高度下竖向土压力最大值位于 P1 和 P3 号土压力计所处位置之间。

2）水平土压力

工况 3-3 条件下，将 P6、P8、P9、P10 号土压力计竖向放置，根据土压力计测到的应变值数据计算并绘制得到水平土压力与坡顶竖向荷载的关系曲线，如图 4-16 所示。

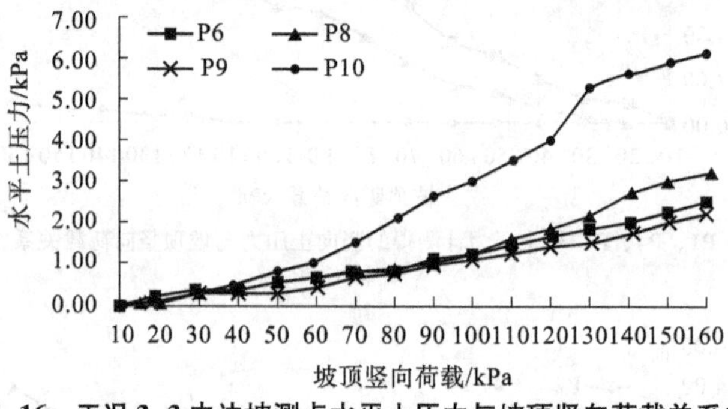

图 4-16　工况 3-3 中边坡测点水平土压力与坡顶竖向荷载关系曲线

水平土压力随着坡顶竖向荷载的增加而一直递增，但水平土压力增量随着竖向荷载的增大而减缓。由图 4-16 可知，当坡顶竖向荷载为 160 kPa 时，距离坡顶 0. 619 m 高度处的位于隧道左侧的 P6 号土压力计测得的土压力为 2. 55 kPa，距离坡顶 0. 619 m 高度处的位于隧道右侧的 P8 号土压力计测得的土压力为3. 30 kPa，距离坡顶 0. 695 m 高度处的位于隧道左侧的 P9 号土压力计测得的土压力为 2. 25 kPa，距离坡顶 0. 775 m 高度处的位于隧道右侧的 P10 号土压力计测得的土压力为 6. 15 kPa。

位于隧道衬砌左侧黄土泥岩交界面上部的 P6 号土压力计测得的土压力大于位于黄土泥岩交界面下部的 P9 号土压力计测得的土压力；位于隧道衬砌右侧黄土泥岩交

界面上部 P8 号土压力计测得的土压力小于位于黄土泥岩交界面下部的 P10 号土压力计测得的土压力。

4.3.3　隧道衬砌的受力分析

根据模型试验过程中静态应变仪采集到的应变数据绘制隧道衬砌弯矩图，如图 4-17 所示。

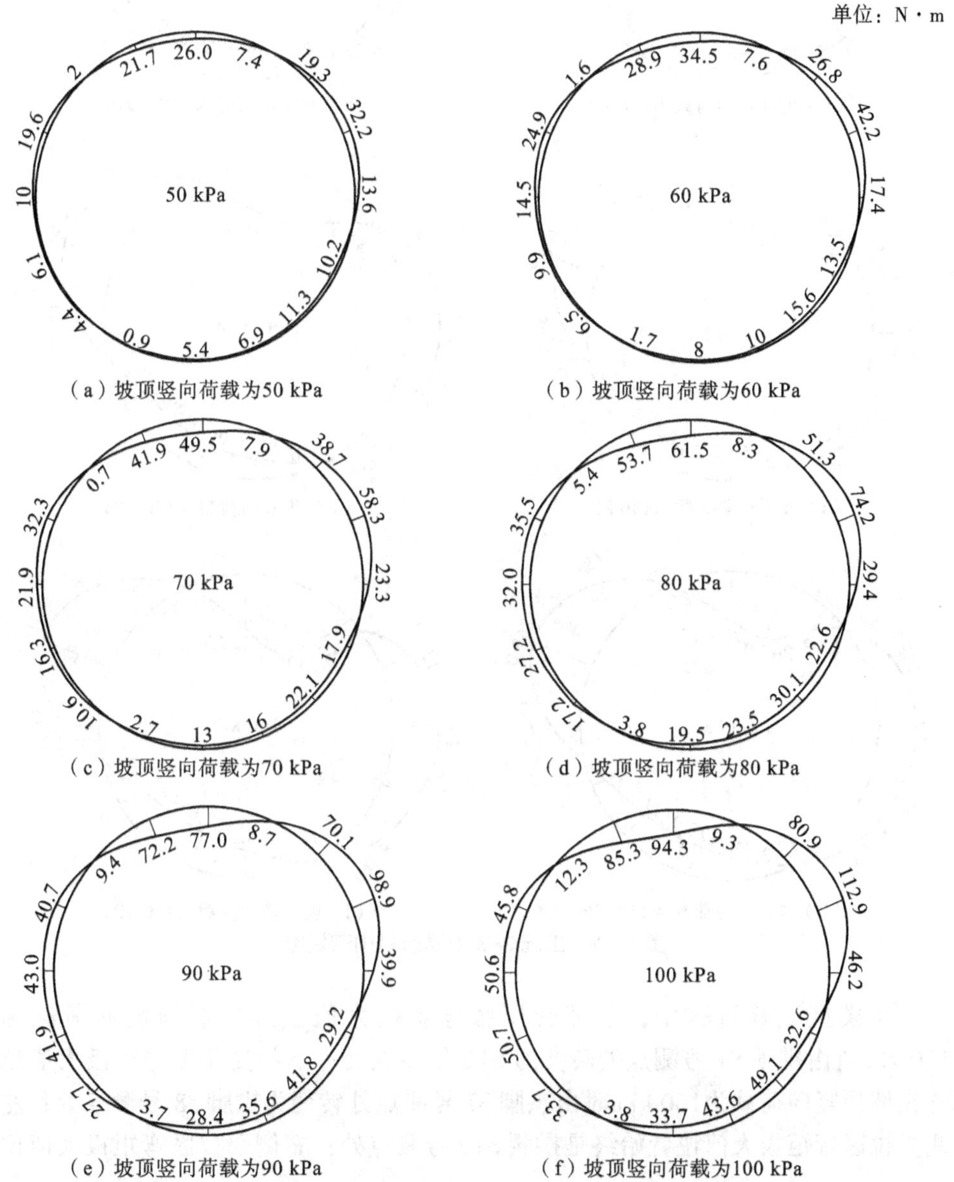

（a）坡顶竖向荷载为50 kPa

（b）坡顶竖向荷载为60 kPa

（c）坡顶竖向荷载为70 kPa

（d）坡顶竖向荷载为80 kPa

（e）坡顶竖向荷载为90 kPa

（f）坡顶竖向荷载为100 kPa

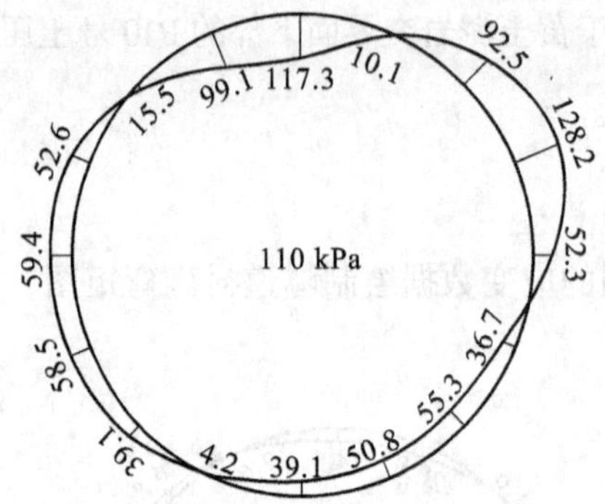

（g）坡顶竖向荷载为110 kPa

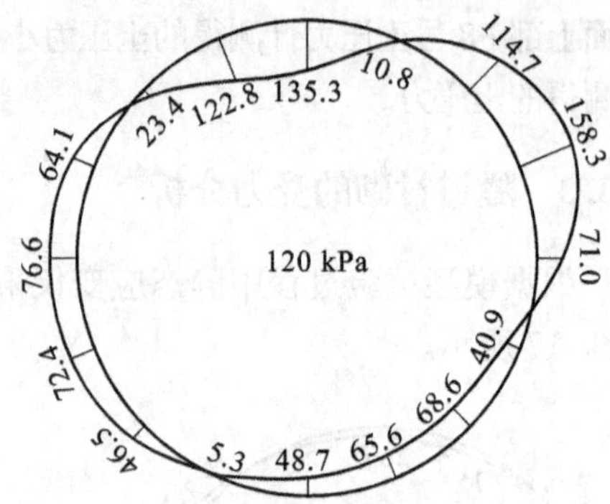

（h）坡顶竖向荷载为120 kPa

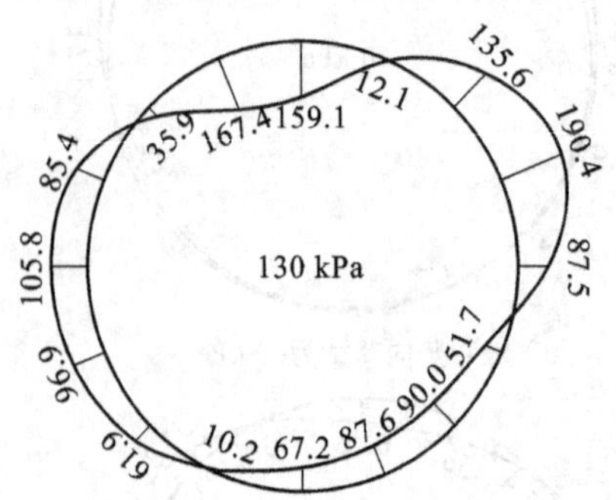

（i）坡顶竖向荷载为130 kPa

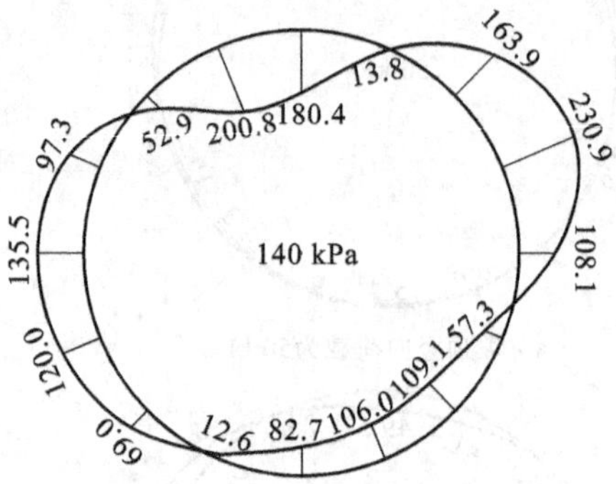

（j）坡顶竖向荷载为140 kPa

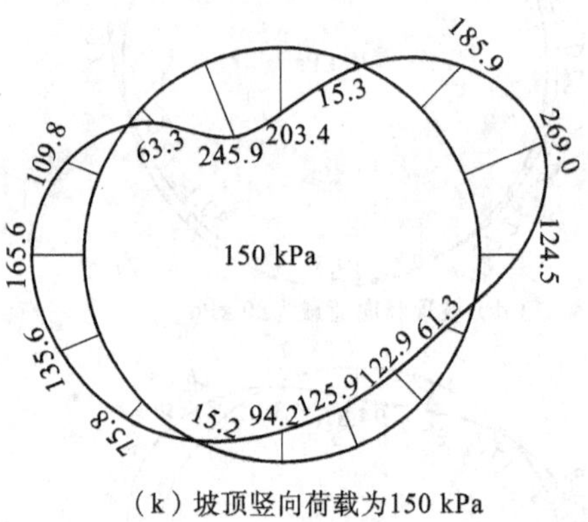

（k）坡顶竖向荷载为150 kPa

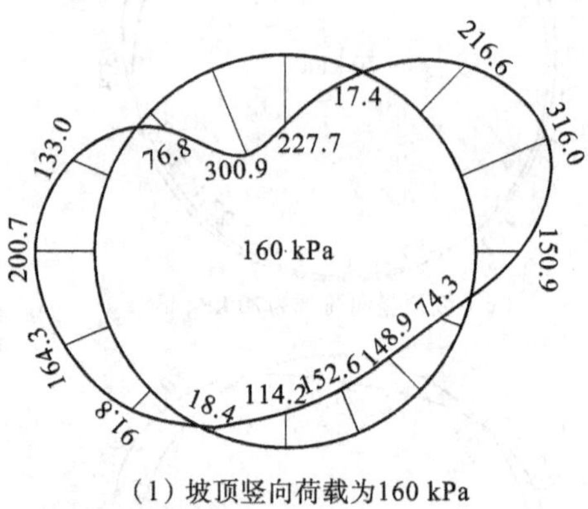

（l）坡顶竖向荷载为160 kPa

图 4-17　工况 3-3 中隧道衬砌弯矩图

在模型试验过程中，上部受压区弯矩极大值位置在坡顶竖向荷载为130 kPa时由拱顶 S1 号测点处转变为 S16 号测点处；下部受压区弯矩极大值位置在坡顶竖向荷载为160 kPa时由拱脚 S7 号测点处转变为拱脚 S8 号测点处；左侧受拉区弯矩极大值位置始终是拱腰 S13 号测点处；右侧受拉区弯矩极大值位置始终是拱肩 S4 号测点处。当坡顶竖向荷载为 160 kPa 时，上部受压区弯矩极大值为 300. 9 N · m，下部受压区弯矩极大值 152. 6 N · m，上部受压区弯矩极大值比下部受压区弯矩极大值大 97. 2%；右侧受拉区的弯矩极大值为 316. 0 N · m，左侧受拉区弯矩极大值为 200. 7 N · m，右侧受拉区弯矩极大值比左侧受拉区弯矩极大值大 57. 4%。弯矩最大值位于隧道衬砌右侧拱肩 S4 号测点处。试验过程中，弯矩零点的位置变化微小，主要位于左侧拱肩、左侧拱脚、右侧拱顶及右侧拱腰处。

4. 4　潜在滑动面整体贯穿隧道的傍山隧道模型试验（工况 3-4）

4. 4. 1　试验现象

工况 3-4 条件下，傍山隧道模型试验共设计进行 13 级加载，竖向荷载加载至 130 kPa。

试验开始初期，当坡顶竖向荷载为 0～20 kPa 时，边坡整体无明显变化，试验整体未见明显现象。当坡顶竖向荷载达到 30 kPa 时，预设滑动面左端与坡顶交界处产生裂缝，且可见坡肩处土体发生鼓胀。当坡顶竖向荷载增至 40 kPa 时，坡体顶部距离预设滑动面左端约 10 cm 处产生往下延伸的裂缝，与此同时隧道左端，泥岩分界面与预设滑动面之间，产生自上而下延伸的竖向裂缝。当坡顶竖向荷载达到 80 kPa 时，坡顶处竖向裂缝增多，多分布于坡顶中部。当坡顶竖向荷载增至 90 kPa 时，黄土泥岩交界面与坡面交界处产生贯通裂缝，上部黄土开始剪出。当坡顶竖向荷载达到 110 kPa 时，预设滑动面与坡面交界处产生贯通裂缝，滑动面以上泥岩及黄土体开始剪出。进一步增加荷载，上述破坏现象持续发展，当坡顶竖向荷载达到 130 kPa 时，坡顶沿预设滑动面出现下沉式贯穿裂缝，隧道出现明显变形。在试验中隧道变形及坡面剪出破坏试验现象如图 4-18所示。

4. 4. 2　边坡水平位移及坡内土压力分析

1. 边坡水平位移分析

根据位移传感器测到的位移数据绘制得到工况 3-4 中边坡水平位移与坡顶竖向荷载的关系曲线，如图 4-19 所示。

（a）加载前正视图

（b）加载后正视图

（c）坡面三处剪出口裂缝

（d）坡肩处裂缝

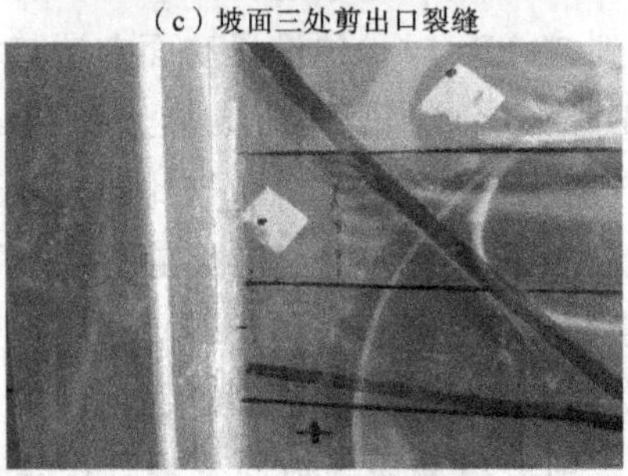

（e）隧道上方出现裂缝

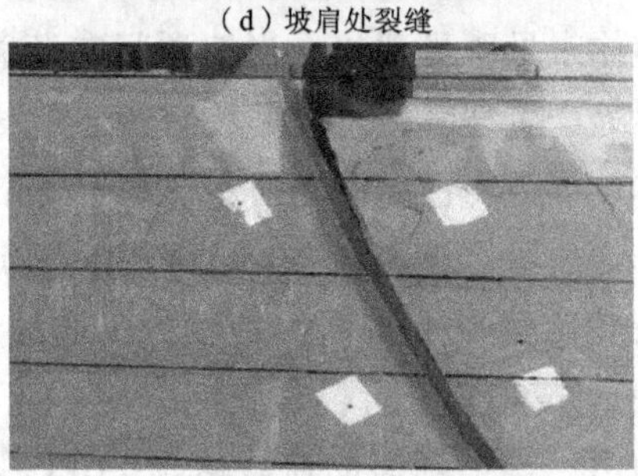

（f）坡顶下沉式贯穿裂缝

图 4-18　工况 3-4 条件下隧道模型试验现象

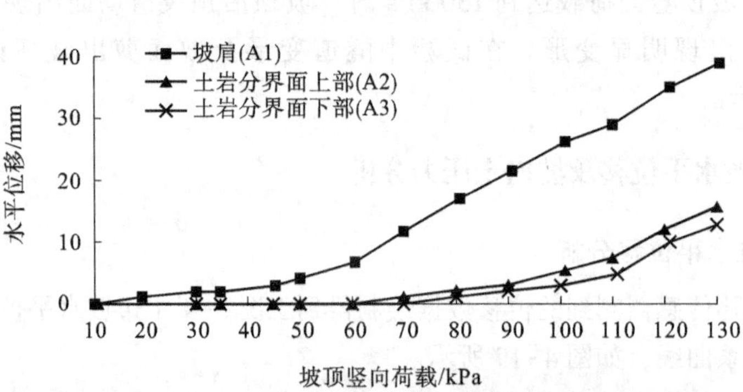

图 4-19　工况 3-4 中边坡水平位移与坡顶竖向荷载关系曲线

由图 4-19 可知，边坡坡肩的水平位移最大，其次是黄土泥岩交界面上部黄土部分边缘，最后是黄土泥岩交界面下部泥岩部分的边缘。边坡坡肩在坡顶竖向荷载为 20 kPa 时开始产生水平位移，黄土泥岩交界面上部在 50 kPa 时产生水平位移，黄土泥岩交界面下部在 80 kPa 时产生水平位移，当坡顶竖向荷载增大到 130 kPa时，边坡坡肩的水平位移为 39 mm，黄土泥岩交界面上部处为 16 mm，黄土泥岩交界面下部为 13 mm。由于隧道的嵌固影响，坡肩处位移远大于滑动面处。

2. 边坡土压力分析

1）竖向土压力

工况 3-4 条件下，将 P1、P2、P3、P4、P5、P7、P12 号土压力计水平放置，根据土压力计测到的应变值数据计算并绘制得到竖向土压力与坡顶竖向荷载的关系曲线，如图 4-20 所示。

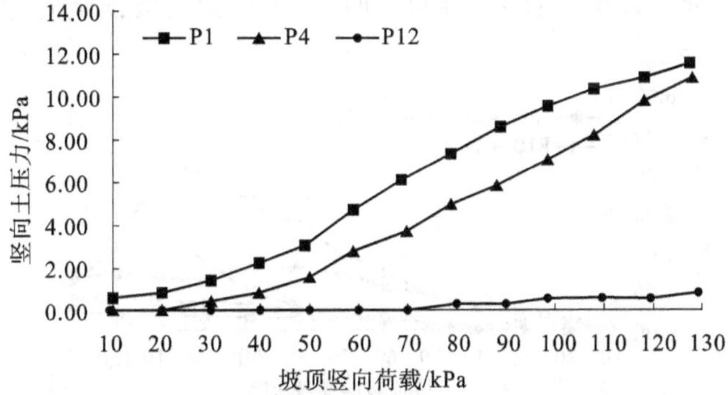

（a）P1、P4、P12号土压力计测得的竖向土压力与坡顶竖向荷载关系曲线

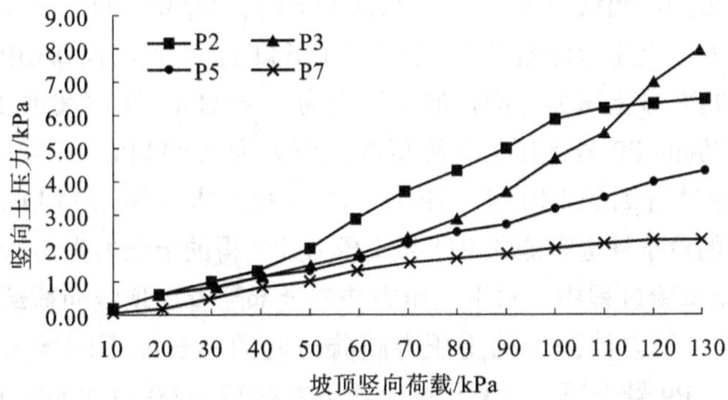

（b）P2、P3、P5、P7号土压力计测得的竖向土压力与坡顶竖向荷载关系曲线

图 4-20　工况 3-4 中边坡测点竖向土压力与坡顶竖向荷载关系曲线

竖向土压力随着坡顶竖向荷载的增大而增加。当坡顶竖向荷载为 130 kPa 时，

距离坡顶 0. 28 m 高度处的 P1 号土压力计测得的土压力为 11. 67 kPa，距离坡顶 0. 475 m 高度处的 P4 号土压力计测得的土压力为 10. 91 kPa，距离坡顶 1. 01 m 高度处的 P12 号土压力计测得的土压力为 0. 72 kPa，距离坡顶 0. 322 m 高度处的 P2 和 P3 号土压力计测得的土压力分别为 6. 61 kPa 和 8. 07 kPa，距离坡顶 0. 619 m 高度处的 P5 号和 P7 号土压力计测得的土压力分别为 4. 47 kPa 和 2. 39 kPa。

从位于同一竖线不同高度处的 P1、P4、P12 号土压力计测得的土压力可以看出，随着与坡顶竖向距离的递增，竖向土压力逐渐衰减。从处于相同高度且位于隧道衬砌左右两侧的 P5、P7 号土压力计测得的土压力可以看出，靠近坡面侧的竖向土压力小于靠近坡背侧的竖向土压力，傍山隧道受力明显存在偏压现象。

2）水平土压力

工况 3-4 条件下，将 P6、P8、P9、P10、P11 号土压力计竖向放置，根据土压力计测到的应变值数据计算并绘制得到水平土压力与坡顶竖向荷载的关系曲线，如图 4-21 所示。

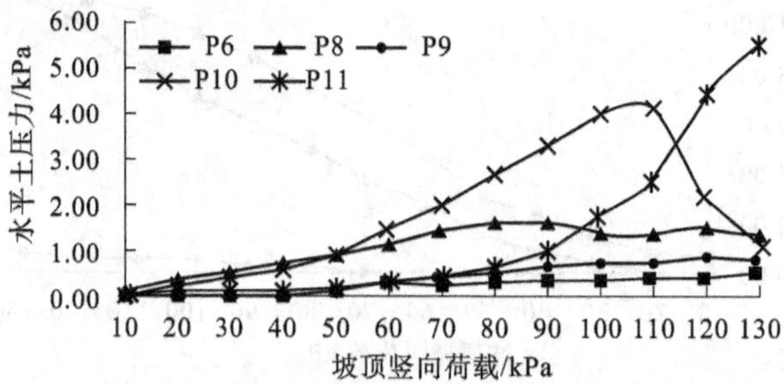

图 4-21　工况 3-4 中边坡测点水平土压力与坡顶竖向荷载关系曲线

由图 4-21 可知，当坡顶竖向荷载为 130 kPa 时，距离坡顶 0. 619 m 高度处的位于隧道左侧的 P6 号土压力计测得的土压力为 0. 6 kPa，距离坡顶 0. 619 m 高度处的位于隧道右侧的 P8 号土压力计测得的土压力为 1. 40 kPa，距离坡顶 0. 695 m 高度处的位于隧道左侧的 P9 号土压力计测得的土压力为 0. 89 kPa，距离坡顶 0. 775 m 高度处的位于隧道右侧的 P10 号土压力计测得的土压力为 1. 14 kPa，距离坡顶 0. 475 m 高度处的位于隧道右侧的 P11 号土压力计测得的土压力为 5. 57 kPa。

在整个模型试验过程中，水平土压力并未全部随着坡顶竖向荷载的增加而一直递增。P11 号土压力计测得的土压力随着时间的延长而不断增大，且增幅扩大，而 P6、P8、P9 号土压力计测得的土压力在荷载为 90～110 kPa 时增长变缓，P10 号土压力计测得的土压力在坡顶竖向荷载为 110 kPa 时开始减小。而在模型试验过程中，当坡顶竖向荷载为90 kPa时，岩土分界面与坡面交界处产生贯通裂缝。当坡顶竖向荷载达到110 kPa时，预设滑动面与坡面交界处产生贯通裂缝，滑动面以上泥岩及黄土体开始剪出。随着坡体发生开裂，裂缝分布方式也会导致相应坡体内土压力发生重分布。P10 测点处比 P8 测点处滞后减缓，同时 P10 号测点处的土压力增幅更大。

4.4.3　隧道衬砌的受力分析

根据模型试验过程中静态应变仪采集到的应变数据计算并绘制隧道衬砌弯矩图，如图 4-22 所示。

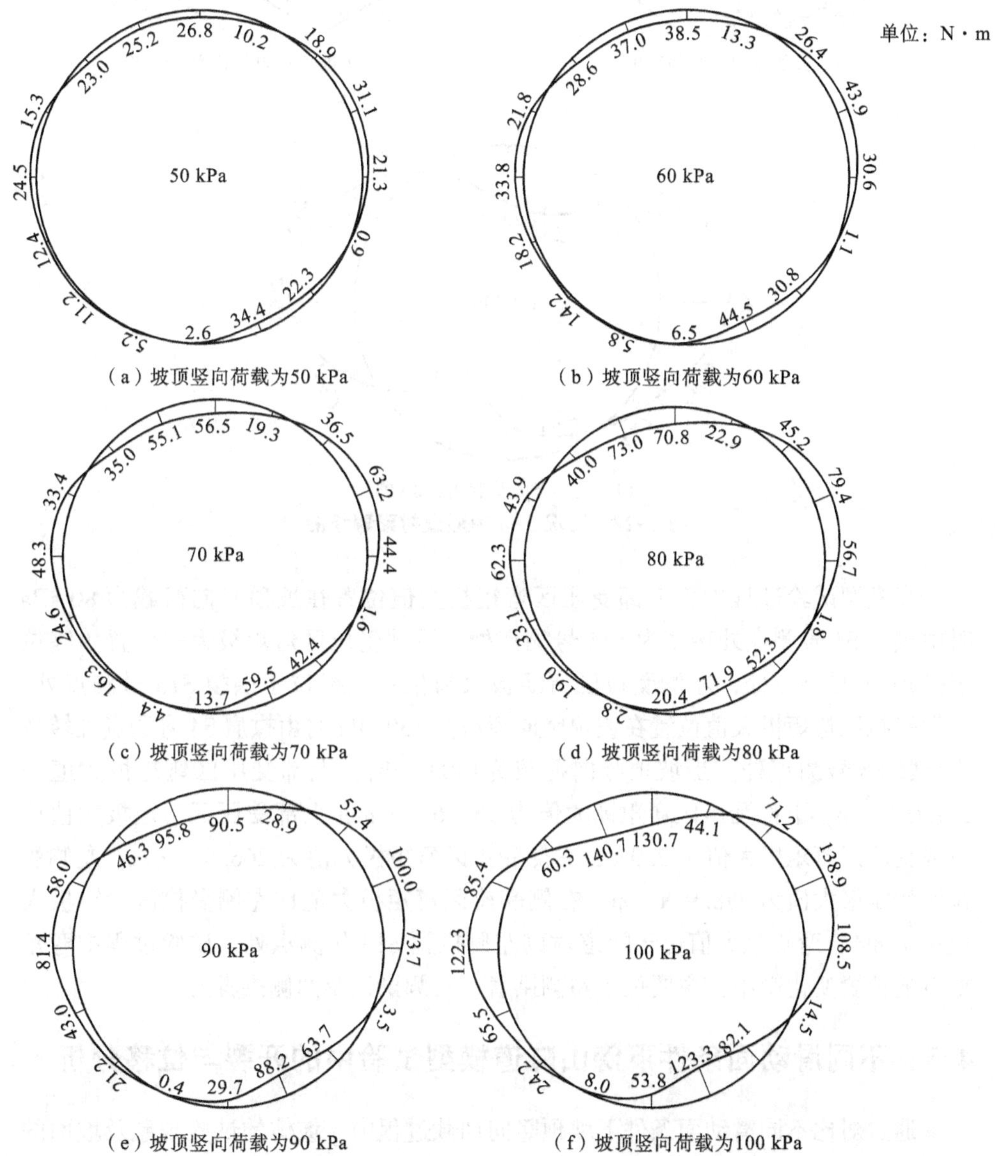

（a）坡顶竖向荷载为50 kPa　（b）坡顶竖向荷载为60 kPa

（c）坡顶竖向荷载为70 kPa　（d）坡顶竖向荷载为80 kPa

（e）坡顶竖向荷载为90 kPa　（f）坡顶竖向荷载为100 kPa

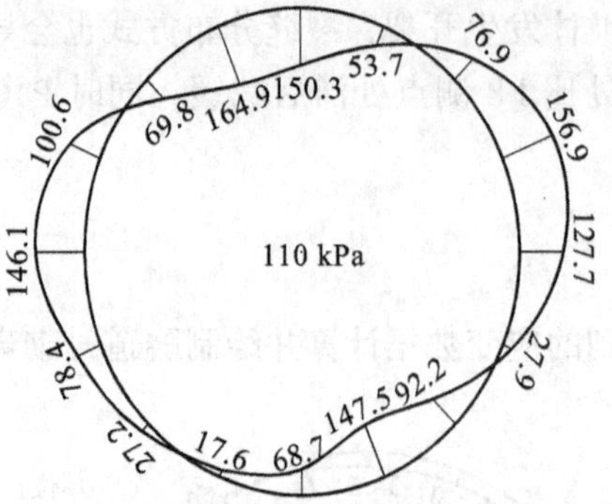

（g）坡顶竖向荷载为110 kPa

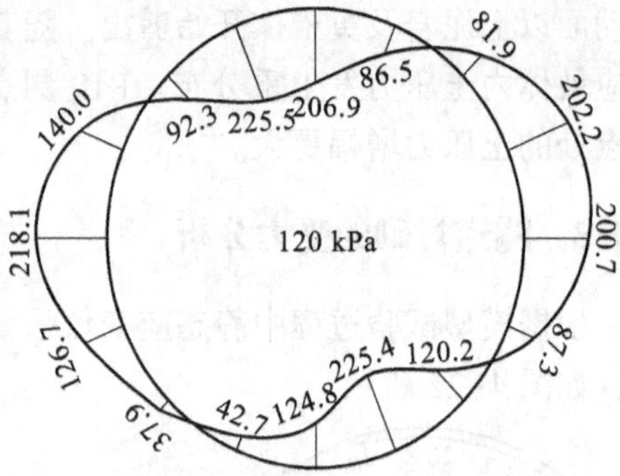

（h）坡顶竖向荷载为120 kPa

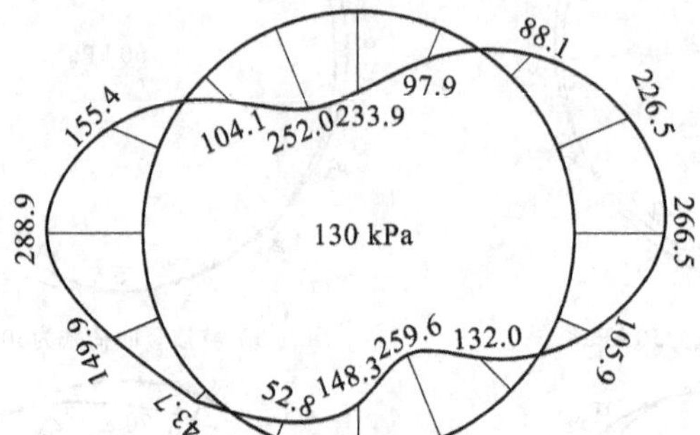

（i）坡顶竖向荷载为130 kPa

图 4-22　工况 3-4 中隧道衬砌弯矩图

在模型试验过程中，上部受压区弯矩极大值位置在坡顶竖向荷载为 80 kPa 时由拱顶 S1 号测点处转变为 S16 号测点处，下部受压区弯矩极大值位置始终位于拱脚 S8 号测点处，左侧受拉区弯矩极大值位置始终位于拱腰 S13 号测点处，右侧受拉区弯矩极大值位置在坡顶竖向荷载为 130 kPa 时由拱肩 S4 号测点处转变为拱腰 S5 号测点处。当坡顶竖向荷载为130 kPa时，上部受压区弯矩极大值为 252.0 N · m，下部受压区弯矩极大值为 259.6 N · m，上部受压区弯矩极大值比下部受压区弯矩极大值小 2.9%；右侧受拉区弯矩极大值为 266.5 N · m，左侧受拉区弯矩极大值为 288.9 N · m，右侧受拉区弯矩极大值比左侧受拉区弯矩极大值小 7.8%。弯矩最大值位于隧道衬砌左侧拱腰 S13 号测点处。试验过程中弯矩零点的位置变化微小，主要位于左侧拱肩、右侧拱顶及两侧拱脚处。

4.5　不同滑动面条件下傍山隧道模型试验中的开裂与位移分析

通过对比不同滑动面条件下坡顶竖向加载过程中，坡体的试验现象及坡面的水平位移情况可以反映不同滑动面条件下边坡的破坏模式。

1. 试验现象对比分析

在试验过程中，坡体的裂缝主要产生于坡顶、坡顶与滑动面交界处、坡面、隧道衬砌周围及坡脚处。将 4 种工况条件下边坡出现的裂缝位置及相对应的坡顶竖向荷载节点进行汇总，得到的结果见表 4-1。

表 4-1　坡体裂缝的产生位置及荷载值

工况条件	坡顶压裂缝	坡顶与滑动面交界处裂缝	坡面处裂缝	隧道衬砌周围裂缝	坡脚处裂缝
工况 3-1	70 kPa（坡背侧）100 kPa（坡肩侧）	—	120 kPa（黄土泥岩交界面）	110 kPa（隧道左上部）150 kPa（隧道右下部）	130 kPa
工况 3-2	100 kPa（坡肩侧）	50 kPa	80 kPa（预设滑动面）130 kPa（黄土泥岩交界面）	130 kPa（隧道左上部）	—
工况 3-3	120 kPa（坡肩侧）	50 kPa	90 kPa（预设滑动面/黄土泥岩交界面）	70 kPa（隧道左上部）	—
工况 3-4	120 kPa（坡肩侧）	30 kPa	90 kPa（黄土泥岩交界面）110 kPa（预设滑动面）	40 kPa（隧道左上部）	—

由于工况 3-4 中预设滑动面坡度最大，工况 3-3 其次，工况 3-2 最小，因此最先产生裂缝的是工况 3-4 条件下的模型试验。而由于工况 3-3 和工况 3-4 条件下，滑动面穿过隧道衬砌，工况 3-2 条件下滑动面未与隧道衬砌相交，隧道衬砌有一定的刚度，阻滞了滑体的滑移，因而造成工况 3-2 中坡面最先产生裂缝。工况 3-3和工况 3-4 条件下的滑动面与隧道衬砌相交，导致荷载更快地传递至隧道周边，工况 3-4、工况 3-3 中隧道周围产生裂缝。工况 3-1 未预设滑动面，随着荷载的增加，隧道对泥岩处产生挤压，使得应力传递至坡脚，造成坡脚产生裂缝。而其他工况条件下由于预设了滑动面，使得应力在传递至坡脚之前已经释放。

因此，在未设置滑动面的情况下，边坡的破坏从坡顶开始逐步蔓延至隧道周围，然后是坡面，最后传递至坡脚。而在预设滑动面的情况下，边坡的破坏从坡顶滑动面端口开始出现破坏。当隧道与滑动面不相交时，坡面先出现破坏，然后隧道周围发生破坏。当隧道与滑动面相交时，隧道周围先出现破坏，然后是坡面，但均未造成坡脚处的破坏。

2. 坡面水平位移对比分析

在4种工况下，坡面A1、A2、A3测点处的位移变化过程如图4-23所示。

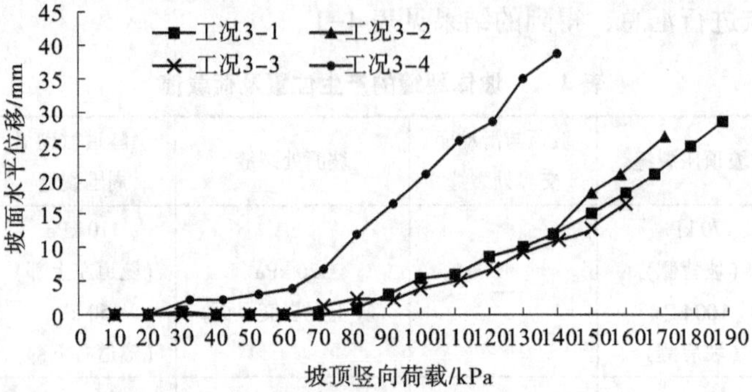

（a）A1测点处的位移与坡顶竖向荷载关系曲线

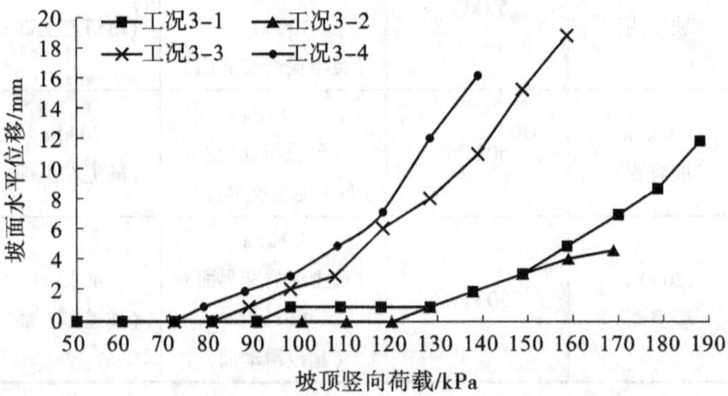

（b）A2测点处的位移与坡顶竖向荷载关系曲线

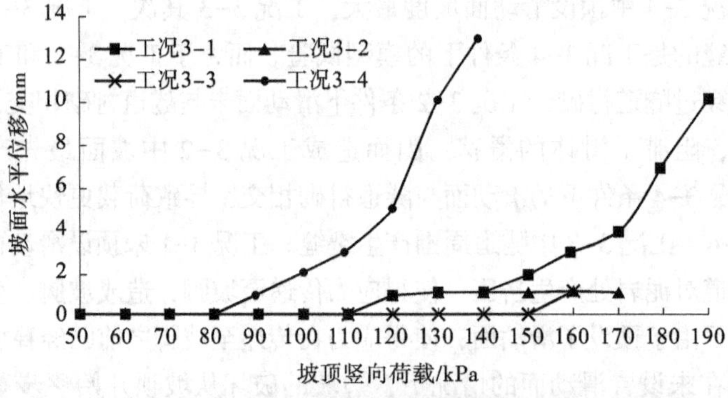

（c）A3测点处的位移与坡顶竖向荷载关系曲线

图4-23　坡面水平位移对比图

由图 4-23 可知，无论是坡肩处（A1 测点），还是黄土泥岩交界面上部（A2 测点），或是黄土泥岩交界面下部（A3 测点），在工况 3-4 条件下均最先产生位移，且在同等竖向荷载条件下位移最大。A1 测点处的位移在同等竖向荷载条件下，工况 3-1、工况 3-2、工况3-3 中产生的位移量基本一致，而工况 3-4 中水平位移增幅突出。在 A2 测点处位移的比较分析中得知，在同等竖向荷载条件下，预设滑动面的工况 3-3、工况 3-4 条件下的水平位移比无滑动面的工况 3-1 条件下的更大。在 A3 测点处位移的比较分析中，工况 3-2 和工况 3-3 条件下几乎未产生位移，工况 3-1 随着坡顶竖向荷载的增加，坡脚处产生位移而发生破坏，工况 3-4滑动面位于坡脚附近，因而位移量较大。但由于滑动面的影响，在同等荷载条件下，工况 3-4 中水平位移大于工况 3-1。

4.6　不同滑动面条件下隧道衬砌应力与弯矩分析

4.6.1　不同滑动面条件下隧道衬砌的受力特性分析

为了评价不同位置滑动面下隧道衬砌的承载特性，选取坡顶竖向荷载为 170 kPa 时的工况 3-2、坡顶竖向荷载 160 kPa 时的工况 3-3、坡顶竖向荷载 130 kPa 时的工况 3-4 分别与同等荷载条件下无滑动面的工况 3-1 进行隧道衬砌受力对比分析。

1. 滑动面位于隧道上方与无滑动面工况的对比

在坡顶竖向荷载为 170 kPa 时，滑动面位于隧道上方的工况 3-2 与无滑动面的工况 3-1 条件下隧道衬砌弯矩对比如图 4-24 所示。

工况 3-1 与工况 3-2 中上部受压区弯矩极大值均在 S1 号测点处，其中工况 3-1 中 S1 号测点处弯矩为 231.3 N · m，而工况 3-2 中该测点处弯矩为 216.4 N · m，工况 3-2 中上部受压区弯矩极大值比工况 3-1 中大约减小 6.4%；下部受压区工况 3-1 中弯矩极大值位于 S8 号测点，该测点处弯矩为135.2 N · m，而工况 3-2 中弯矩极大值位于 S7 号测点，该测点处弯矩为 135.1 N · m，工况 3-2中下部受压区弯矩极大值比工况 3-1 中大约减小 0.1%；工况 3-1 与工况 3-2 中右侧受拉区弯矩极大值均在 S4 号测点处，其中工况 3-1 中 S4 号测点处弯矩为 249.0 N · m，而工况 3-2 中该测点处弯矩为259.4 N · m，工况 3-2 中右侧受拉区弯矩极大值比工况 3-1 中增大 4.2%；工况 3-1 与工况 3-2 中左侧受拉区弯矩极大值均在 S13 号测点处，其中工况 3-1 中 S13 号测点处弯矩为 166 N · m，而工况 3-2 中该测点处弯矩为171.4 N · m，工况 3-2 中左侧受拉区弯矩极大值比工况 3-1 中增大 3.3%。

相对于无滑动面的工况 3-1 中隧道衬砌的弯矩，滑动面位于隧道上方的工况

3-2 中隧道衬砌弯矩与之相差并不显著，但由于滑动面的影响，隧道衬砌所受弯矩主要集中于右侧拱肩处，使得工况 3-2 中隧道衬砌右侧上半区弯矩图形状比工况 3-1 中略微上翘。

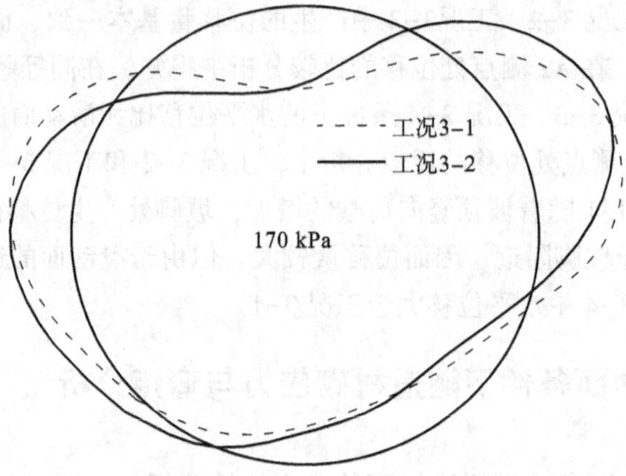

（a）隧道衬砌弯矩图

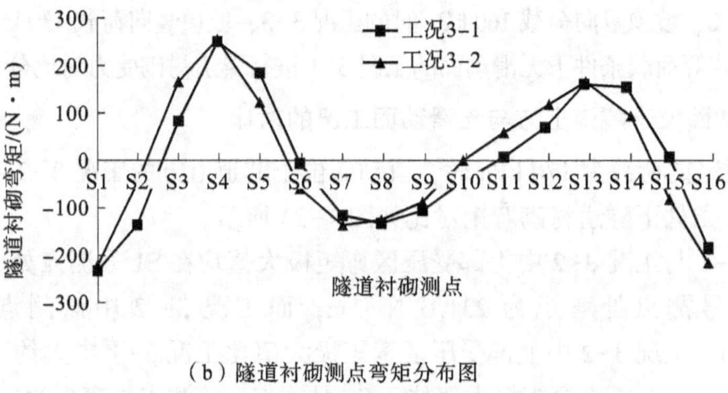

（b）隧道衬砌测点弯矩分布图

图 4-24　工况 3-1 与工况 3-2 条件下隧道衬砌弯矩图

2. 滑动面穿过隧道拱顶与无滑动面工况的对比

在坡顶竖向荷载为 160 kPa 时，滑动面穿过隧道拱肩及拱脚的工况 3-3 与无滑动面的工况 3-1 中隧道衬砌弯矩对比如图 4-25 所示。

针对上部受压区，工况 3-1 中隧道衬砌弯矩极大值位于 S1 号测点，该测点处弯矩为 211.9 N·m，而工况 3-3 中隧道衬砌弯矩极大值位于 S16 号测点，该测点处弯矩为 300.9 N·m，工况 3-3 中上部受压区弯矩极大值比工况 3-1 中增大 42.0%。针对下部受压区，隧道衬砌弯矩极大值在工况 3-1 中与工况 3-3 中均在 S8 号测点处，其中工况 3-1 中 S8 号测点处弯矩为 112.5 N·m，而工况 3-3 中该测点处弯矩为

152.6 N·m，工况 3-3 中下部受压区弯矩极大值比工况 3-1 中增大 35.6%。针对右侧受拉区，工况 3-1 与工况 3-3 中隧道衬砌弯矩极大值均在 S4 号测点处，其中工况 3-1 中 S4 号测点处弯矩为 233.2 N·m，而工况 3-3 中该测点处弯矩为 316.0 N·m，工况 3-3 中右侧受拉区弯矩极大值比工况 3-1 中增大 35.5%。针对左侧受拉区，工况 3-1 与工况 3-3 中隧道衬砌弯矩极大值均在 S13 号测点处，其中工况 3-1 中 S13 号测点处弯矩为 147.8 N·m，而工况 3-3 中该测点处弯矩为 200.7 N·m，工况 3-3 中左侧受拉区弯矩极大值比工况 3-1 中增大 35.8%。

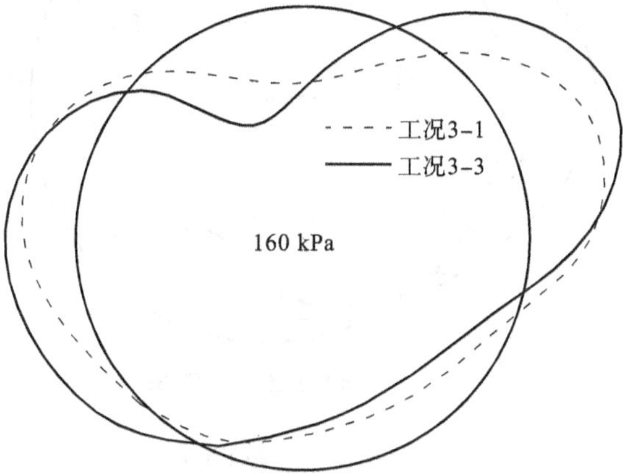

（a）隧道衬砌弯矩图

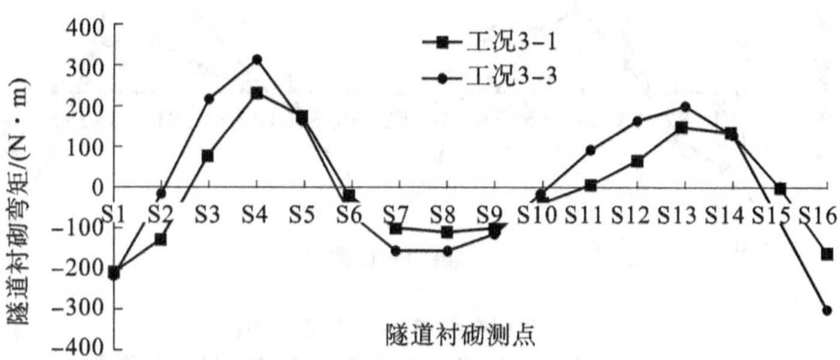

（b）隧道衬砌测点弯矩分布图

图 4-25　工况 3-1 与工况 3-3 条件下隧道衬砌弯矩图

结合隧道衬砌弯矩曲线图可以看出，相对于无滑动面的工况 3-1 条件下的隧道衬砌弯矩，在滑动面穿过隧道右侧上半区的条件下，隧道衬砌的弯矩集中于拱顶及隧道衬砌右侧拱肩处，使得工况 3-3 中拱顶弯矩增大明显，右侧拱肩弯矩增大且上移，充分反映了工况 3-3 中隧道衬砌右侧上半区受到挤压的情况，通过观测反弯点弯矩的斜率可以发现工况 3-3 中弯矩变化比工况 3-1 中更显著。

3. 滑动面穿过整个隧道与无滑动面工况的对比

在坡顶竖向荷载为 130 kPa 时，滑动面穿过隧道拱肩及拱脚的工况 3-4 与无滑面的工况 3-1 条件下的隧道衬砌弯矩对比如图 4-26 所示。

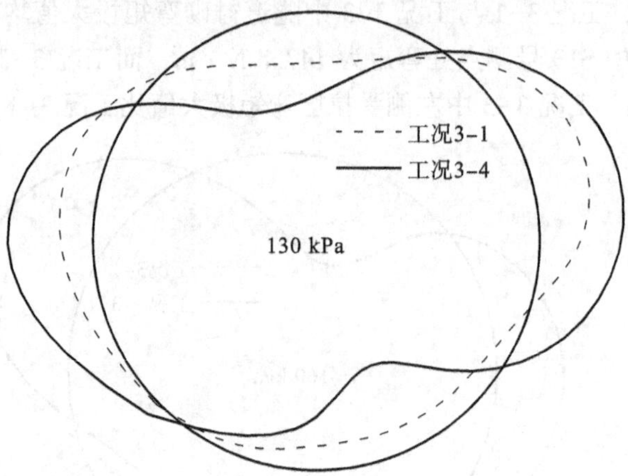

（a）隧道衬砌弯矩图

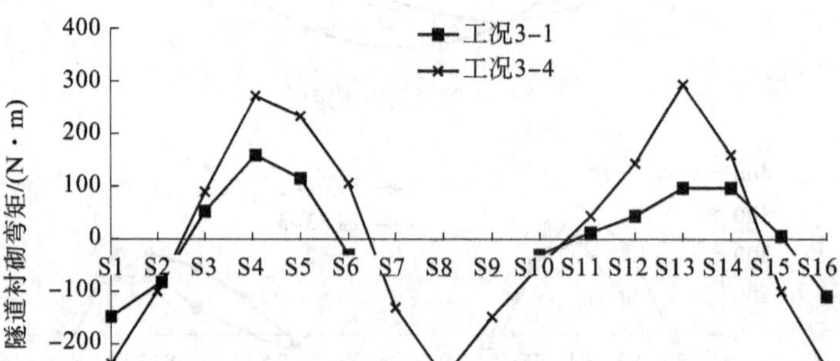

（b）隧道衬砌测点弯矩分布图

图 4-26　工况 3-1 与工况 3-4 条件下隧道衬砌弯矩图

针对上部受压区，工况 3-1 中隧道衬砌弯矩极大值位于 S1 号测点，该测点处弯矩为 144.0 N · m，而工况 3-4 中隧道衬砌弯矩极大值位于 S16 号测点，该测点处弯矩为 252.0 N · m，工况 3-4 中上部受压区弯矩极大值比工况 3-1 中增大 75%。针对下部受压区，工况 3-1 与工况 3-4 中隧道衬砌弯矩极大值均在 S8 号测点处，其中工况 3-1 中 S8 号测点处弯矩为 68.9 N · m，而工况 3-4 中该测点处弯矩为 259.6 N · m，工况 3-4 中下部受压区弯矩极大值比工况 3-1 中增大

276.8%。针对右侧受拉区，工况 3-1 中隧道衬砌弯矩极大值位于 S4 号测点，该测点处弯矩为 159.1 N·m，而工况 3-4 中隧道弯矩极大值位于 S5 号测点，该测点处弯矩为 266.5 N·m，工况 3-4 中右侧受拉区弯矩极大值比工况 3-1 中增大 67.5%。针对左侧受拉区，在工况 3-1 与工况 3-4 中隧道衬砌弯矩极大值均在 S13 号测点处，其中工况 3-1 中 S13 号测点处弯矩为 94.9 N·m，而工况 3-4 中该测点处弯矩为 288.9 N·m，工况 3-4 中左侧受拉区弯矩极大值比工况 3-1 中增大 204.4%。

结合隧道衬砌弯矩曲线图可以看出，相同竖向荷载情况下，滑动面穿过整个隧道的工况 3-4 相比于未预设滑动面的工况 3-1，隧道衬砌弯矩在拱顶、拱脚内凹及两侧拱腰处的弯矩外凸均十分明显，且整体弯矩比工况 3-1 中增大许多，表现出了隧道整体受到挤压的状态，通过观测反弯点弯矩的斜率可以发现工况 3-4 中弯矩变化远比工况 3-1 中弯矩变化显著。

4.6.2　不同滑动面条件下隧道衬砌的变形规律分析

为了研究不同滑动面位置下隧道衬砌的变形规律，对 4 组模型试验中隧道衬砌周边围岩裂缝的分布情况进行分析，并将试验中隧道衬砌、围岩裂缝、黄土泥岩交界面及滑动面的相对位置绘制于图 4-27 中。

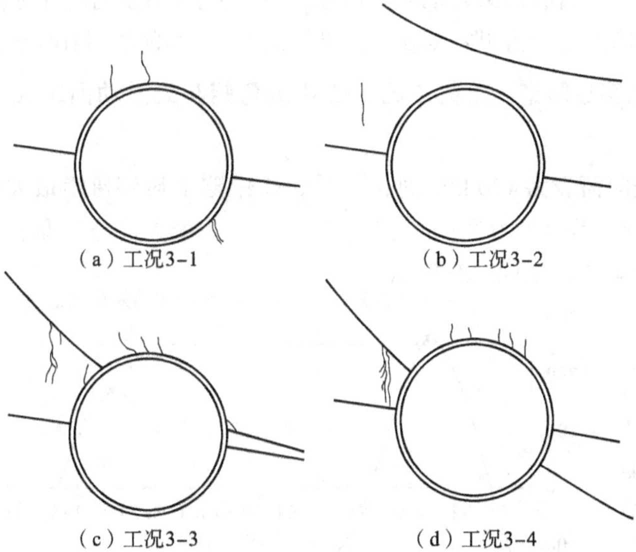

(a) 工况3-1　(b) 工况3-2　(c) 工况3-3　(d) 工况3-4

图 4-27　4 组模型试验中隧道围岩裂缝分布图

通过对试验过程进行分析与总结可以得出，隧道衬砌的变形主要集中于黄土的上半部分，而隧道衬砌下半部分由于泥岩的约束，变形相对较小。在坡顶竖向荷载及不同预设滑动面位置影响下，隧道衬砌的变形主要表现为斜向挤压变形，而围岩变形难以与隧道衬砌的变形协调从而产生脱空裂缝。在试验过程中，隧道围岩的裂缝主要分布于拱顶及坡背侧拱肩。

工况 3-1 条件下，在坡顶竖向荷载为 190 kPa 时，隧道围岩裂缝分布于拱顶及拱脚；工况 3-2 条件下，在坡顶竖向荷载为 170 kPa 时，隧道围岩裂缝分布于右侧拱肩；工况 3-3 条件下，在坡顶竖向荷载为 160 kPa 时，隧道围岩裂缝分布于拱顶及拱肩；工况 3-4 条件下，在坡顶竖向荷载为 130 kPa 时，隧道围岩裂缝分布于拱顶及拱肩，拱肩处裂缝相较于工况 3-3 更宽。

总之，隧道衬砌的变形规律为：无滑动面条件下的工况 3-1 中隧道衬砌整体变形较小；滑动面位于隧道上方的工况 3-2 中隧道衬砌的变形以水平挤压变形为主；隧道穿过滑动带的工况 3-3 与工况 3-4 中隧道衬砌的竖向压缩变形及水平挤压变形均较大，且工况 3-4 中水平挤压变形比工况 3-3 中要大，由于坡体上部土体产生滑移，隧道衬砌水平向变形大于竖向压缩变形。

4.7 不同滑动面条件下隧道衬砌承载特性评价

本节选取坡顶竖向荷载为 170 kPa 时的工况 3-2、坡顶竖向荷载为 160 kPa 时的工况 3-3、坡顶竖向荷载为 130 kPa 时的工况 3-4 中的弯矩分别与同等荷载条件下无滑动面的工况 3-1 中弯矩最大值进行对比，以期评价滑动面影响隧道衬砌承载特性的程度。

1. 滑动面穿过隧道上方的工况 3-2 中的弯矩与无滑动面工况 3-1 中最大弯矩的对比

在坡顶竖向荷载为 170 kPa 时，工况 3-1 中隧道衬砌弯矩最大值位于衬砌拱肩 S4 号点位处，为 249.0 N · m，工况 3-1 中弯矩最大值与工况 3-2 中各个测点弯矩关系如图 4-28、图 4-29 所示。

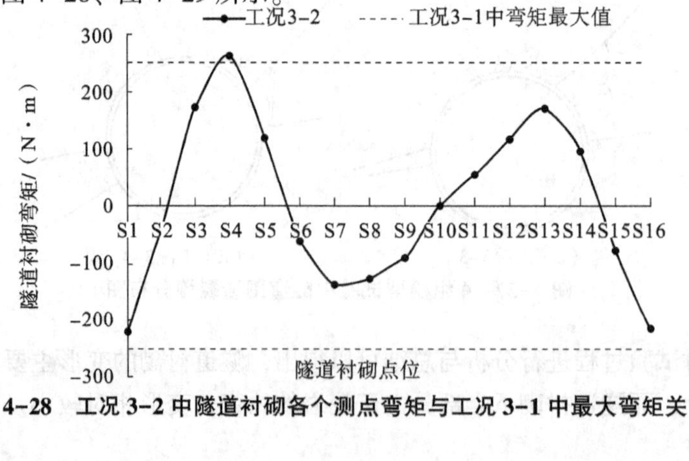

图 4-28 工况 3-2 中隧道衬砌各个测点弯矩与工况 3-1 中最大弯矩关系

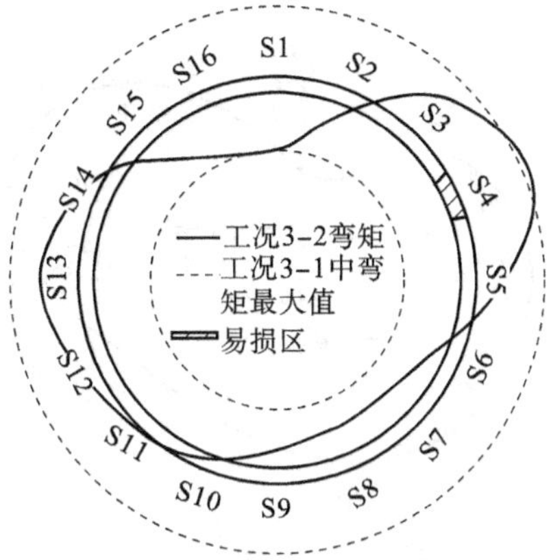

图 4-29　工况 3-2 中的易损区

由图 4-29 可知，当滑动面位于隧道上方时，工况 3-2 中存在一个区域，该区域内的隧道衬砌弯矩大于工况 3-1 中弯矩最大值。此处，将超过工况 3-1 中弯矩最大值的区域定义为易损区。易损区位于隧道衬砌右拱肩处，该区域占整个隧道衬砌截面面积的 3.6%，其中最大值位于 S4 号点位处，为 259.4 N · m，比工况 3-1 中最大弯矩值增大了 4.2%。

2. 滑动面穿过隧道拱顶的工况 3-3 中的弯矩与无滑动面工况 3-1 中最大弯矩的对比

在坡顶竖向荷载为 160 kPa 时，工况 3-1 中隧道衬砌弯矩最大值位于拱肩 S4 号点位处，为 233.2 N · m，工况 3-1 中弯矩最大值与工况 3-3 中各个测点弯矩关系如图 4-30、图 4-31 所示。

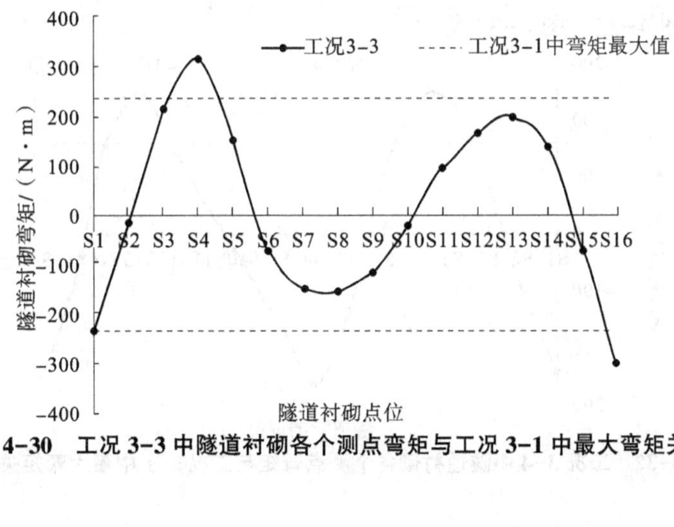

图 4-30　工况 3-3 中隧道衬砌各个测点弯矩与工况 3-1 中最大弯矩关系

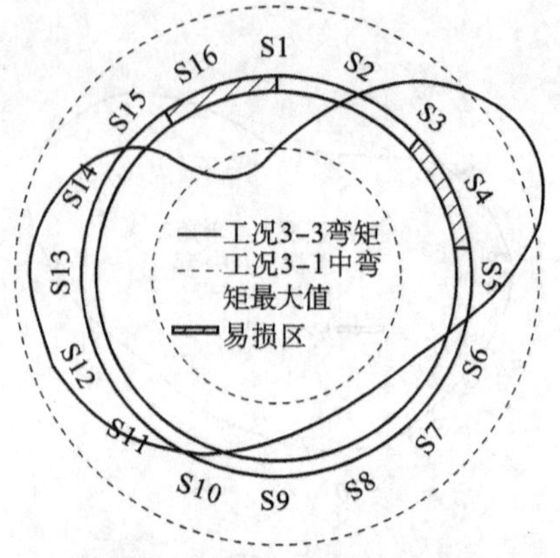

图 4-31　工况 3-3 中的易损区

由图 4-31 可知，当滑动面穿过隧道拱顶时，存在两处易损区，分别位于隧道衬砌的拱顶及右侧拱肩处，该区域占整个隧道衬砌截面面积的 19.2%，其中拱顶处易损区占整个隧道衬砌截面面积的 9.7%，该处最大弯矩位于 S16 号点位处，比工况 3-1 中最大弯矩值增大了 29.0%；右侧拱肩处易损区占整个隧道衬砌截面面积的 9.5%，该处最大弯矩位于 S4 号点位，为 316.0 N · m，比工况 3-1 中隧道最大弯矩值增大了 35.5%。

3. 滑动面穿过隧道中心的工况 3-4 中的弯矩与无滑面工况 3-1 中最大弯矩的对比

在坡顶竖向荷载为 130 kPa 时，工况 3-1 中的隧道衬砌弯矩最大值位于拱肩 S4 号点位处，为 159.1 N · m，工况 3-1 中弯矩最大值与工况 3-4 中各个测点的弯矩关系如图 4-32、图 4-33 所示。

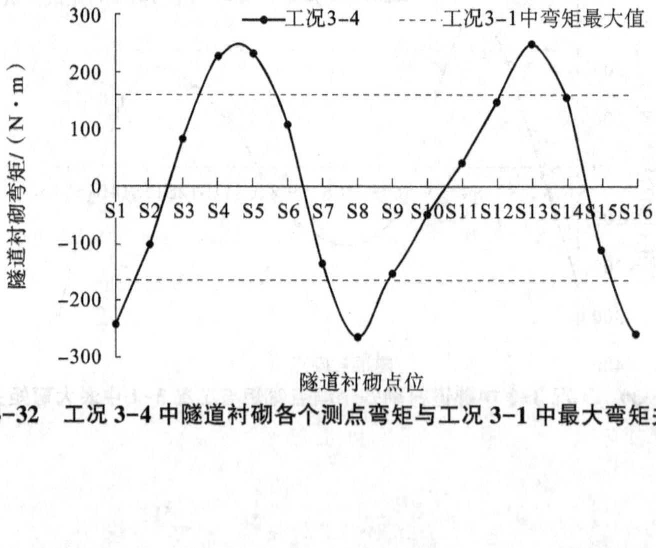

图 4-32　工况 3-4 中隧道衬砌各个测点弯矩与工况 3-1 中最大弯矩关系

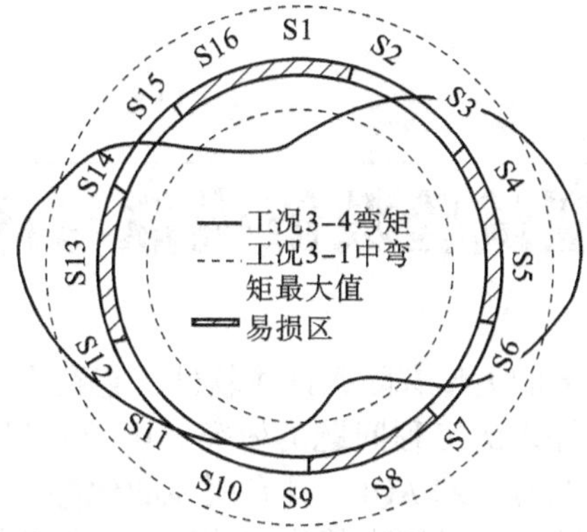

图 4-33　工况 3-4 中的易损区

由图 4-33 可知，当滑动面穿过整个隧道时，存在四处易损区，分别位于隧道衬砌的拱顶、拱脚及两侧拱腰处，该区域占整个隧道衬砌截面面积的 52. 8%，其中拱顶处易损区占整个隧道衬砌截面面积的 15. 3%，该处最大弯矩位于 S16 号点位处，为 252. 0 N · m，比工况 3-1 中最大弯矩值增大了 58. 3%；右侧拱腰处易损区占整个隧道衬砌截面面积的 14. 2%，该处最大弯矩位于 S5 号点位，为 266. 5 N · m，比工况 3-1 中最大弯矩值增大了 67. 4%；左侧拱腰处易损区占整个隧道衬砌截面面积的 11. 4%，该处最大弯矩位于 S13 号点位，为288. 9 N · m，比工况 3-1 中最大弯矩值增大了 81. 5%；拱脚处易损区占整个隧道衬砌截面面积的 11. 9%，该处最大弯矩位于 S8 号点位，为 259. 6 N · m，比工况 3-1 中最大弯矩值增大了 63. 1%。

第 5 章

傍山隧道模型试验数值模拟与评价

ABAQUS 为国际知名的大型有限元计算软件，它致力于结构力学和相关领域研究，以及更复杂和更深入的工程问题的研究。由于其强大的非线性分析功能，尤其是在求解非线性问题时，ABAQUS 具有明显的优势。同时，ABAQUS 的内部求解器是智能化的求解器，可以解决其他软件计算不收敛的非线性问题和收敛的非线性问题，ABAQUS 计算收敛速度更快，更容易实用和操作。

ABAQUS 拥有大量多种的单元类型、材料模型和分析过程，尤其是针对岩土工程领域，拥有丰富的适合岩土工程分析的本构模型，这使它成为岩土工程领域的重要工具。它提供的各种单元，可以模拟岩土工程中各种介质的力学性能，例如：位移-孔隙压力可以模拟固体与流体的相互作用；可以进行饱和土与非饱和土的变形-渗流计算，考虑固体变形、渗流和温度影响的三相耦合计算，在渗流场的计算中可以计算浸润面，可考虑超出达西定律的非线性渗流定律。

5.1　模型材料力学参数

针对黄土泥岩二元地质边坡中傍山隧道模型试验，本章旨在验证分析及总结傍山隧道衬砌受力变形机制与承载特性。一方面，针对侧向变形条件下 4 组傍山隧道模型试验，基于数值模拟软件模拟侧向非均匀加载条件下隧道衬砌受力及位移变化，分析傍山隧道衬砌的受力变形机制与承载特性；另一方面，针对坡顶加载条件下 4 组傍山隧道模型试验，基于数值模拟软件模拟不同滑动面位置条件下的傍山隧道衬砌受力及位移变化，分析傍山隧道衬砌的受力变形机制与承载特性。

采用 ABAQUS 软件建立相关二维有限元数值模型，边坡岩土材料按莫尔—库仑本构模型处理，隧道衬砌模型采用弹性模型。根据试验和规范得到数值模型材料力学参数见表 5-1。

表 5-1　数值模型材料力学参数

均质材料	密度/(g/cm^3)	黏聚力/kPa	摩擦角/(°)	弹性模量/MPa	泊松比
黄土	1.387	35	21	15	0.38
泥岩	1.596	45	22	20	0.3
衬砌（有机玻璃）	1.200	—	—	3 000	0.372

5.2　侧向变形条件下傍山隧道模型试验的数值模拟

针对侧向变形条件下傍山隧道的模型试验测试，利用 ABAQUS 有限元软件对傍山隧道模型试验进行了相应的数值模拟与分析，结合所测得模型试验数据，总结傍山隧道在近邻滑坡条件下的变形机理和承载特性。

5.2.1　4 种工况条件下有限元分析模型建立

1. 数值计算模型建立

根据傍山隧道模型试验工况，分别建立黄土泥岩二元地质边坡中傍山隧道模型试验相应的数值计算模型，如图 5-1 所示。

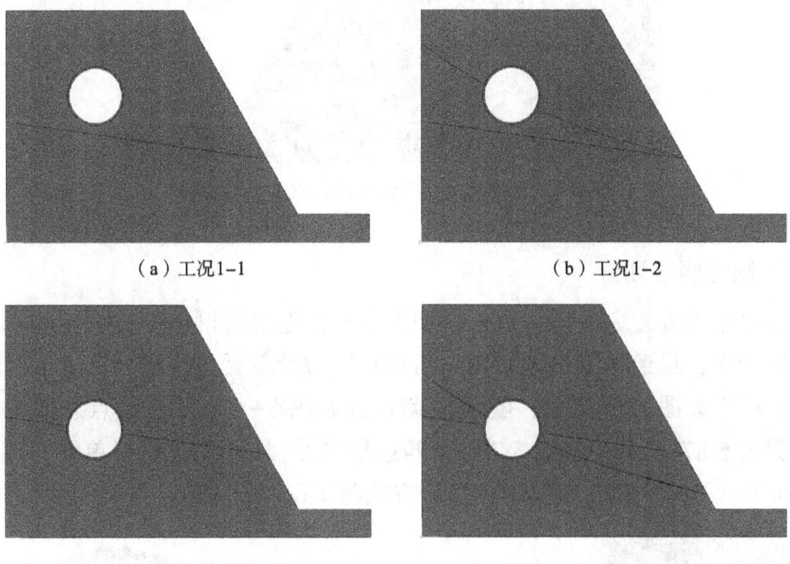

(a) 工况1-1　(b) 工况1-2　(c) 工况2-1　(d) 工况2-2

图 5-1　侧向变形条件下傍山隧道模型试验数值计算模型

傍山隧道模型高 1.1 m，长 2.04 m，坡度为 60°，坡顶长 1 m，水平地基厚 0.15 m，黄土泥岩交界面坡度为 8°，隧道衬砌内径为 0.3 m，衬砌厚度为 1 cm，隧道及潜在滑动面位置根据实际布置。

数值模型中土体主要分为两个区域：上部黄土区域和下部泥岩区域，在工况 1-2、2-2 中，潜在滑动面又将这两个区域进行进一步划分。在接触关系方面，上部黄土与下部泥岩之间设置面与面摩擦接触，摩擦系数为 0.7，法向选用硬接触；潜在滑动面同样设置面与面摩擦接触，潜在滑动面分为 2 种，即黄土区域潜在滑动面和泥岩区域潜在滑动面。黄土区域潜在滑动面摩擦系数为 0.4，泥岩区域潜在滑动面摩擦系数为 0.5，法向接触均选用硬接触。

建模完成后，根据实际试验情况，对模型设置边界条件。以工况 1-1 为例，如图 5-2 所示，在边坡左右两侧边界进行水平方向位移约束，底面边界采用固定约束。加载装置对边坡施加的是侧向非均匀荷载，为实现这一加载方式，在模型左侧施加上大下小的三角位移。其余 3 种工况边界条件与工况 1-1 一致。

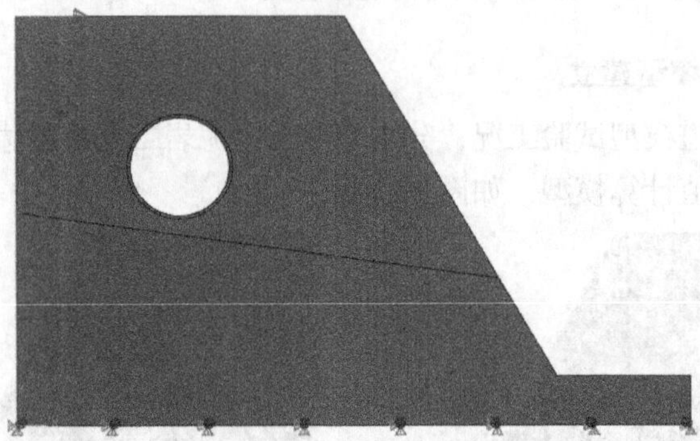

图 5-2　针对工况 1-1 的数值模型边界条件

2. 有限元网格划分

待边界条件设置完成后，根据模型形状对模型进行网格划分，土体部分单元以四边形为主，隧道衬砌部分采用三角形和四边形单元进行剖分。以工况 1-1 为例，划分结果如图 5-3 所示，隧道衬砌划分如图 5-4 所示，结点总数为 6 261，单元总数为 5 878，其中包括 5 721 个四边形单元、157 个三角形单元，隧道衬砌模型单元数为 836。其余工况网格划分方式与工况 1-1 相似。

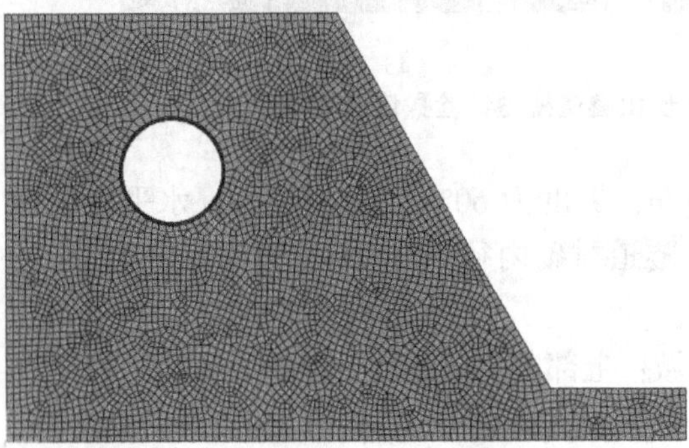

图 5-3　针对工况 1-1 的土体网格划分

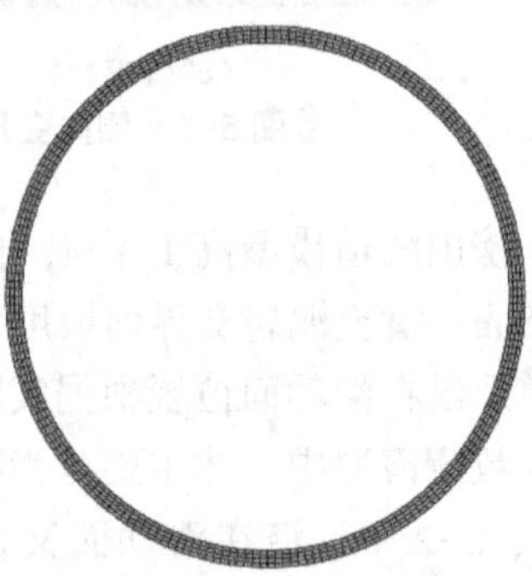

图 5-4　针对工况 1-1 的隧道衬砌网格划分

5.2.2　数值分析及其模型试验验证对比分析

1. 隧道衬砌位移分析

通过数值模拟得到的工况 1-1 与工况 1-2 中隧道衬砌水平位移和竖向位移的计算结果如图 5-5、图 5-6 所示。

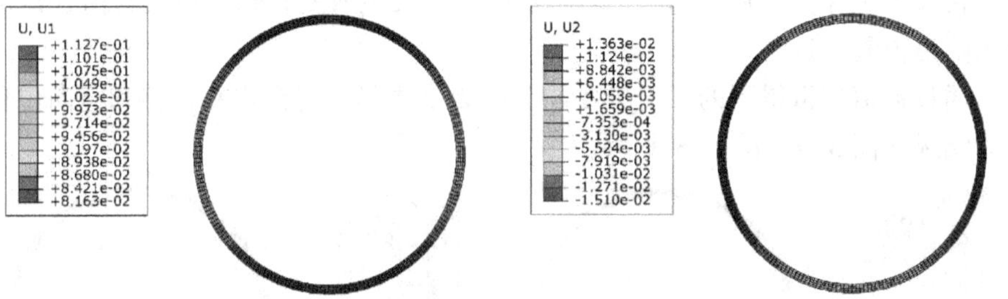

（a）水平位移　　　　（b）竖向位移

图 5-5　工况 1-1 中隧道衬砌模型位移云图

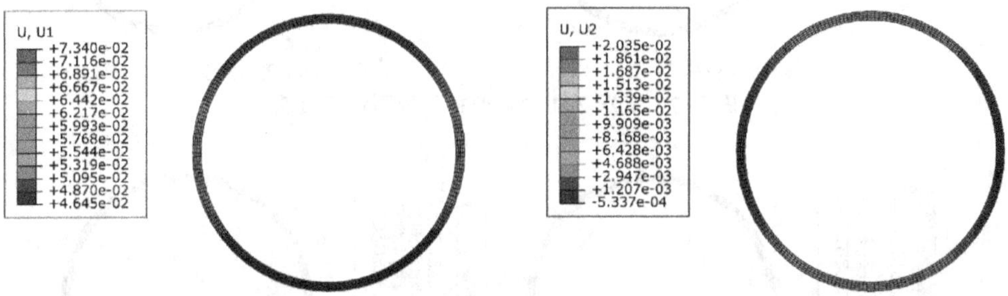

（a）水平位移　　　　（b）竖向位移

图 5-6　工况 1-2 中隧道衬砌模型位移云图

通过如图 5-5（a）所示位移云图可以看出，隧道衬砌在滑坡过程中，顶部水平位移大，为 11.27 cm，底部水平位移小，为 8.16 cm，说明隧道衬砌顶部与底部的位移不同步。由图 5-5（b）可以看出，隧道衬砌左侧竖直向上方向的位移为正值，为 1.36 cm；右侧竖直向上方向的位移为负值，为-1.51 cm，说明隧道衬砌自身发生微小的顺时针旋转。综合图 5-5（a）、（b）可以看出，在工况 1-1条件下，隧道衬砌在滑坡过程中除发生整体滑动外，衬砌本身也发生变形，且存在微小的顺时针旋转。

图 5-6 为工况 1-2 条件下隧道衬砌模型数值模拟的位移云图，可以看出，隧道整体位移变形趋势与工况 1-1 相似。

通过图 5-6（a）可以看出，隧道衬砌在滑坡过程中，顶部水平位移大，但较工况 1-1 条件下小，为 7.34 cm，底部水平位移同样较工况 1-1 条件下小，为 4.6 cm。由图 5-6（b）可以看出，隧道左侧竖直方向的位移为正值，为 2.04 cm，右侧基本未产生竖向位移，说明隧道衬砌自身旋转的轴心发生改变。综合图 5-6（a）、（b）可以看出，在工况 1-2 条件下，与工况 1-1 类似，隧道衬砌在滑坡过程中除发生整体滑动外，衬砌本身也发生变形，且存在微小的顺时针旋转，由于存在潜在滑动面，隧道旋转轴心发生改变，轴心位置与潜在滑动面穿出隧道位置接近。

通过数值模拟得到的工况 2-1 与工况 2-2 中隧道衬砌水平位移和竖向位移的计算结果如图 5-7、图 5-8 所示。

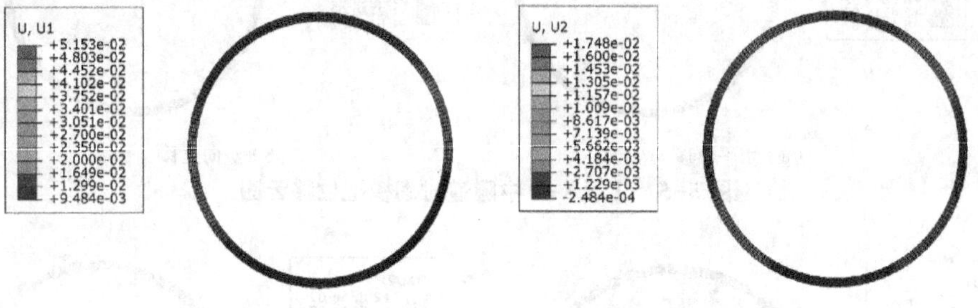

（a）水平位移　　（b）竖向位移

图 5-7　工况 2-1 中隧道衬砌模型位移云图

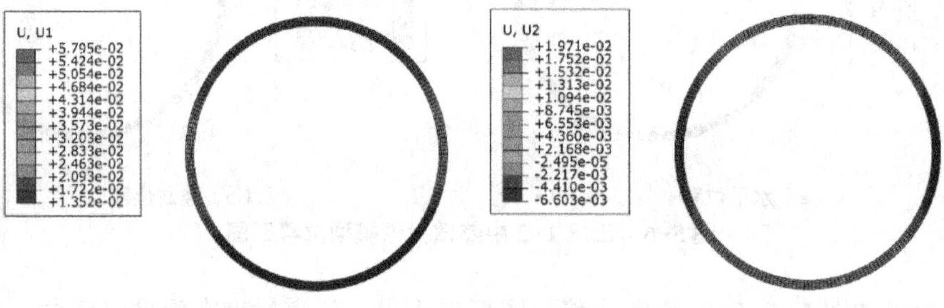

（a）水平位移　　（b）竖向位移

图 5-8　工况 2-2 中隧道衬砌模型位移云图

图 5-7 为工况 2-1 条件下隧道衬砌模型数值模拟的位移云图，可以看出，隧道整体位移变化趋势与工况 1-1 及工况 1-2 存在很大区别。

通过图 5-7（a）可以看出，隧道衬砌边坡滑动过程中，隧道衬砌顶部及左侧上部水平位移最大，为 5.15 cm；隧道衬砌底部及左侧下部水平位移最小，为 0.95 cm。由图 5-7（b）可以看出，隧道衬砌左侧和顶部区域竖向位移最大，大约为 1.75 cm，隧道衬砌底部及右侧区域基本未产生竖向位移。综合来看，工况 2-1 条件下，当边坡发生滑动时，隧道衬砌底部及右侧靠近底部区域基本未发生位移，隧道衬砌顶部及右侧区域隧道因自身发生变形而产生位移。

图 5-8 为工况 2-2 条件下隧道衬砌模型数值模拟的位移云图，可以看出，隧道衬砌整体位移变化趋势与工况 1-1 及工况 1-2 条件下的基本一致，这是工况 2-2存在潜在滑动面造成的。

通过图 5-8（a）可以看出，隧道衬砌边坡滑动过程中，隧道衬砌顶部水平位移最大，为 5.80 cm；隧道衬砌底部水平位移最小，为 1.35 cm。由图 5-8（b）可以看出，隧道衬砌左侧区域竖向位移最大，大约为 1.97 cm，隧道衬砌右侧区域产生极小的竖向位移。综合来看，工况 2-1 条件下，当边坡发生滑动时，隧道衬砌除自身发生变形外，还存在一定的自身旋转。

通过总结侧向变形条件下傍山隧道位移数值模拟结果，可以得出以下结论：

（1）滑坡条件下隧道衬砌会产生一定的变形，圆形隧道衬砌会变形为椭圆形隧道，椭圆短轴方向与边坡滑动方向一致；

（2）当隧道位于浅层均质地层时，滑坡条件下，不论是否存在潜在滑动面，隧道衬砌都会发生自身旋转，潜在滑动面会影响隧道衬砌旋转的轴心位置；

（3）当隧道位于黄土泥岩交界面时，滑坡条件下，当不存在潜在滑动面时，隧道衬砌基本不发生旋转，而当存在潜在滑动面时，隧道衬砌自身发生旋转。

2. 隧道衬砌应力分析

通过数值模拟得到的工况 1-1、工况 1-2、工况 2-1、工况 2-2 中傍山隧道衬砌应力云图如图 5-9 至图 5-12 所示。总体来看，通过数值模拟得到的隧道衬砌应力分布状态及大小关系，与模型试验中通过电阻式应变片采集得到的结果是一致的，数值模拟结果与试验结果相互对比，验证了试验结果的可靠性。

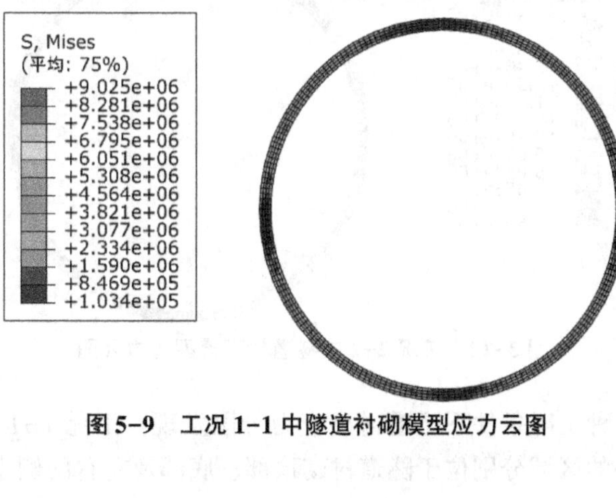

图 5-9　工况 1-1 中隧道衬砌模型应力云图

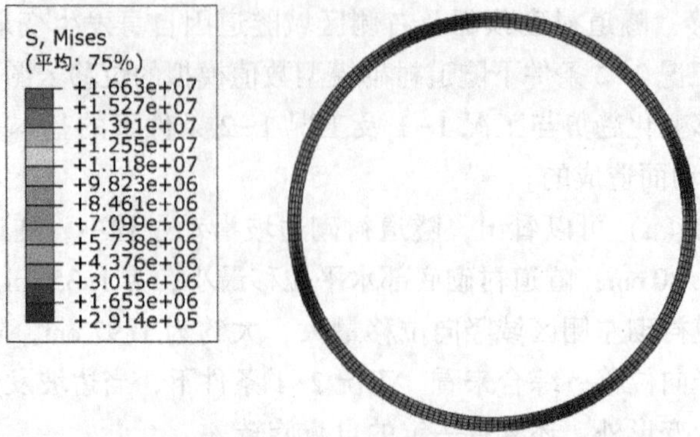

图 5-10　工况 1-2 中隧道衬砌模型应力云图

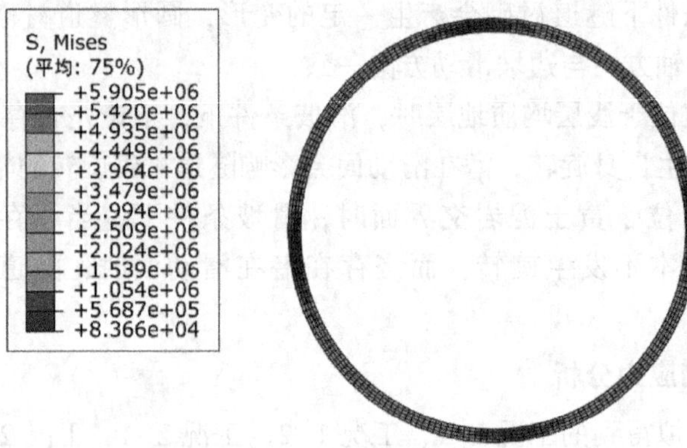

图 5-11　工况 2-1 中隧道衬砌模型应力云图

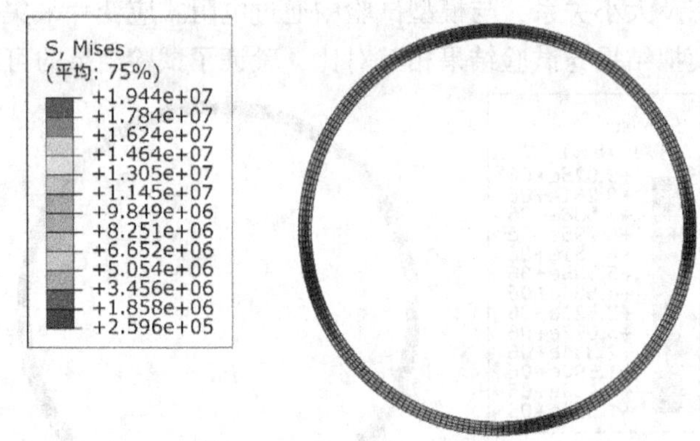

图 5-12　工况 2-2 中隧道衬砌模型应力云图

通过分析 4 种工况条件下隧道衬砌应力云图发现：工况 1-1、1-2、2-2 隧道衬砌应力最小的区域分别位于隧道衬砌顶部、底部及左右两侧小范围区域；隧道衬砌应力最大区域分别位于隧道衬砌右侧拱肩、右侧拱脚、左侧拱脚及左侧拱肩位置附近；工况 2–1 条件下，隧道衬砌应力分布与其余工况应力分布不同，工况 2–1 应力云图顺时针旋转 15°后与其余工况应力云图相似。

对比图 5–9 与图 5–10 可以看出，工况 1–2 由于潜在滑动面的存在，隧道衬砌中最大应力较工况 1–1 大；对比图 5–11 与图 5–12 可以看出，由于潜在滑动面的存在，工况 2–2 最大应力较工况 2–1 大。对比工况 2–1 与工况 1–1 及工况 2–2与工况 1–2，可以看出，不管是否存在潜在滑动面，地层交界面的存在会使得隧道衬砌最大应力增大。

3. 隧道衬砌弯矩分析

通过数值模拟得到的工况 1–1、工况 1–2、工况 2–1、工况 2–2 中傍山隧道衬砌的数值模拟弯矩图与模型试验弯矩图及其对比如图 5–13 至图 5–16 所示。可以看出，数值模拟结果与模型试验结果之间基本保持趋势一致，其中工况 1–1 中隧道衬砌弯矩图数值模拟结果与试验结果相似度很高。

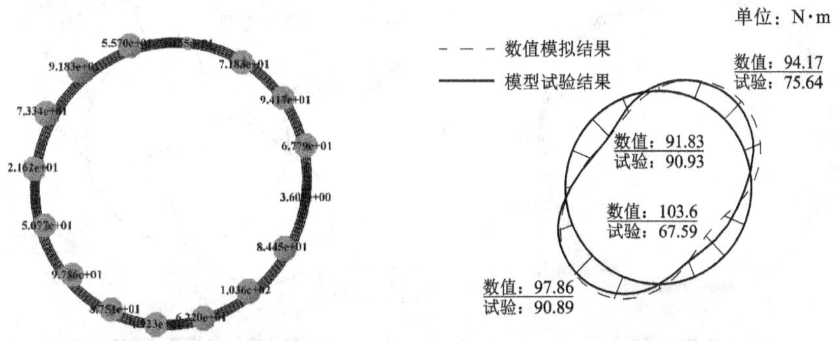

（a）弯矩数值模拟结果　　（b）数值模拟与模型试验结果对比

图 5–13　工况 1–1 中隧道衬砌模型弯矩数值模拟结果与试验值对比

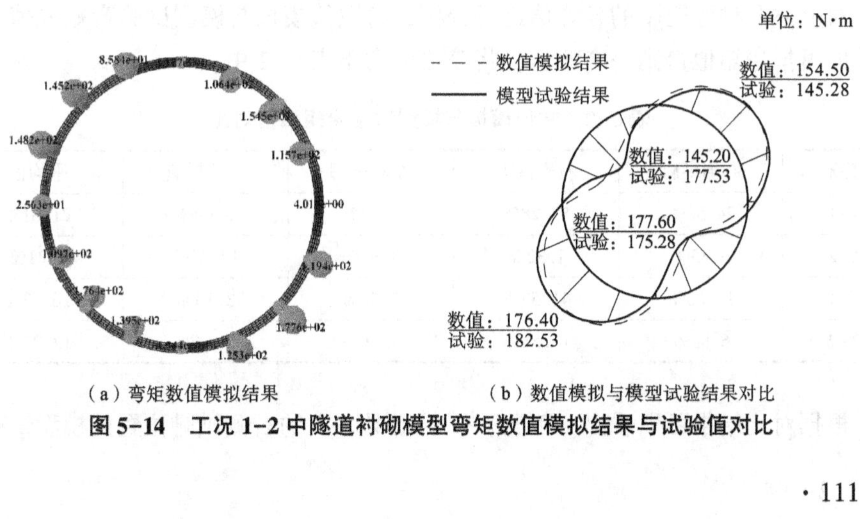

（a）弯矩数值模拟结果　　（b）数值模拟与模型试验结果对比

图 5–14　工况 1–2 中隧道衬砌模型弯矩数值模拟结果与试验值对比

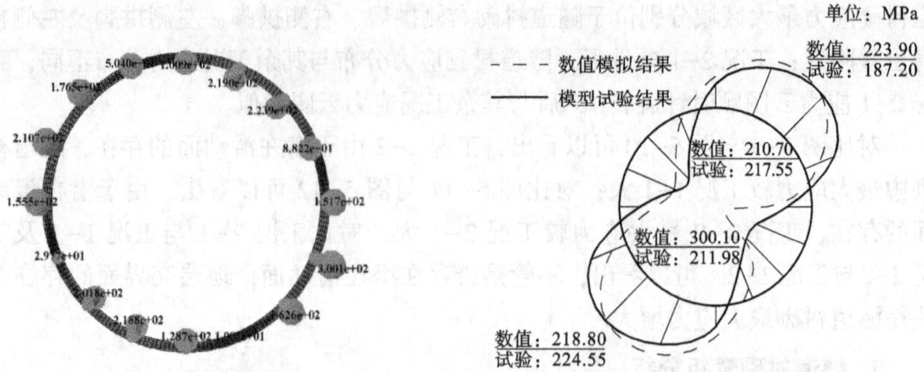

（a）弯矩数值模拟结果　　（b）数值模拟与模型试验结果对比

图 5-15　工况 2-1 中隧道衬砌模型弯矩数值模拟结果与试验值对比

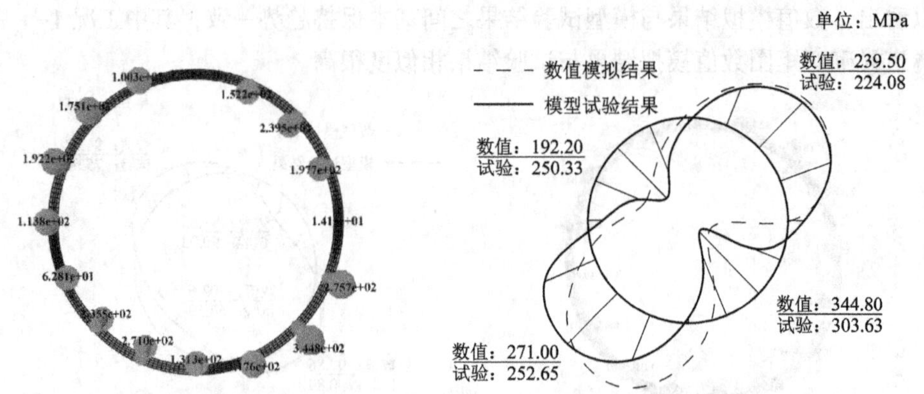

（a）弯矩数值模拟结果　　（b）数值模拟与模型试验结果对比

图 5-16　工况 2-2 中隧道衬砌模型弯矩数值模拟结果与试验值对比

对上述两种弯矩图的各峰值进行分析，将数值模拟与模型试验弯矩峰值差除以数值模拟弯矩值得到一个比值，将该比值列于表 5-2 中。

表 5-2　数值模拟与模型试验弯矩峰值对比

工况	右侧拱肩	右侧拱脚	左侧拱脚	左侧拱肩	平均值
1-1	24. 50%	53. 28%	7. 67%	0. 99%	21. 61%
1-2	6. 35%	1. 32%	3. 36%	18. 21%	7. 31%
2-1	19. 60%	41. 57%	2. 56%	3. 15%	16. 72%
2-2	6. 88%	13. 56%	7. 26%	23. 22%	12. 73%

根据对比结果可以看出，工况 1-1 与工况 2-1 的右侧拱脚位置处模型试验结

果与数值模拟结果差别较大，差值超过了 25%，这是由于这两种工况没有潜在滑动面，试验过程中右侧拱脚位置处土体会在加载到一定级别荷载后产生裂缝，贯通坡面，因此该点处弯矩值不会持续增长，而数值模拟中，模拟土体不会出现裂缝，因此隧道衬砌该点位处弯矩值持续增长，因而与模型试验值差别较大。但整体来看，隧道衬砌弯矩峰值的数值模拟结果与模型试验结果是比较吻合的，它们相互印证，验证了通过模型试验得到的衬砌弯矩结果具有可靠性。

5.3　坡顶加载条件下傍山隧道模型试验的数值模拟

针对坡顶加载条件下傍山隧道的模型试验，本节利用 ABAQUS 有限元软件对傍山隧道模型试验进行了相应的数值模拟与分析，结合所测得模型试验数据，总结傍山隧道在近邻滑坡条件下的变形机理和承载特性。

5.3.1　4 种工况条件下有限元分析模型建立

1. 数值计算模型建立

根据傍山隧道模型试验工况，分别建立黄土泥岩二元地质边坡中傍山隧道模型试验相应的数值计算模型，如图 5-17 所示。

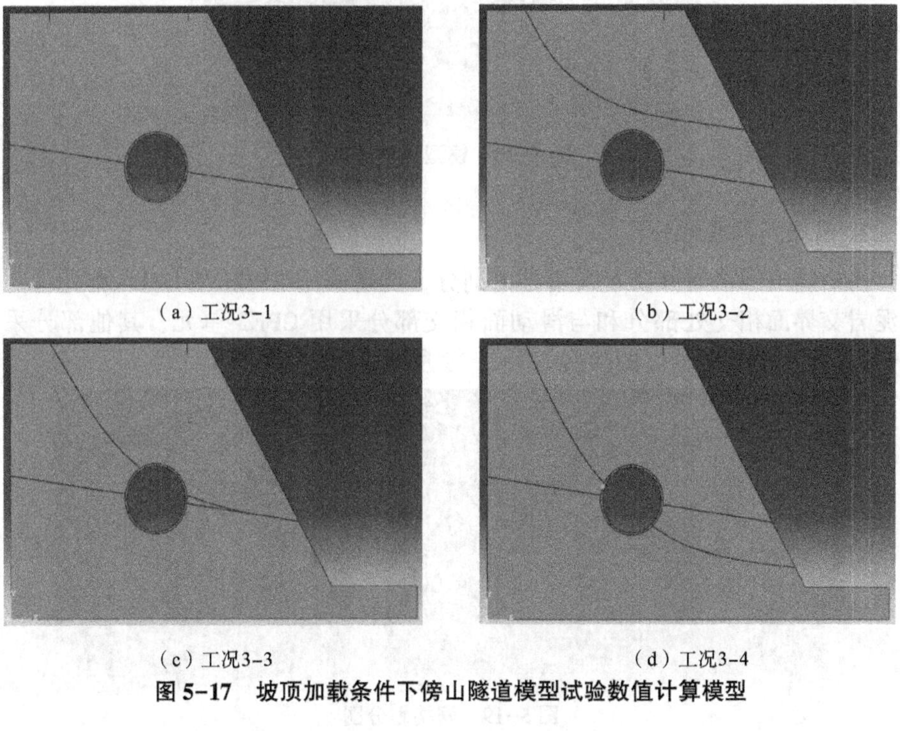

（a）工况3-1　（b）工况3-2　（c）工况3-3　（d）工况3-4

图 5-17　坡顶加载条件下傍山隧道模型试验数值计算模型

在模拟计算分析过程中需要对黄土泥岩交界面、预设滑动面，以及隧道与边坡接触面进行定义。黄土泥岩交界面及预设滑动面采用摩擦接触，其中黄土泥岩交界面切向摩擦系数设置为 0.7，法向选用硬接触。工况 3-2 中滑动面全部位于边坡黄土部分，其切向摩擦系数设置为 0.55，法向选用硬接触。工况 3-3 中滑动面部分位于黄土部分，其余部分与黄土泥岩交界面相重合，其黄土部分切向摩擦系数设置为 0.55，与黄土泥岩交界面重合的部分设置为 0.58，法向选用硬接触。工况 3-4 中滑动面部分位于边坡黄土部分，其余部分位于泥岩部分，其黄土部分切向摩擦系数设置为 0.55，泥岩部分切向摩擦系数设置为 0.6。

建模完成后，根据具体数值模拟需要，在相应的边界面上施加约束和荷载。如图 5-18 所示，在边坡左右两边界进行水平位移约束，在底面边界进行固定约束。为实现与试验模型一致，工况 3-1 中在坡顶施加 190 kPa 竖向荷载，工况 3-2中在坡顶施加 170 kPa，工况 3-3 中在坡顶施加 160 kPa，工况 3-4 中在坡顶施加130 kPa。4 种工况条件下的边界约束均相同，坡顶加载位置也一样。

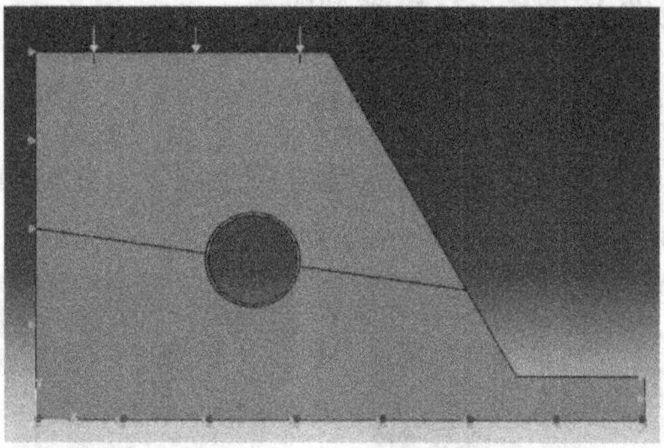

图 5-18　模型边界约束

2. 有限元网格划分

傍山隧道网格划分技术采用自由剖分，隧道采用 CPE3 和 CPE4 单元，与黄土泥岩交界面相交处部分和与滑动面相交部分采用 CPE3 单元，其他部分采用 CPE4 单元。模型划分后的网格如图 5-19 所示。

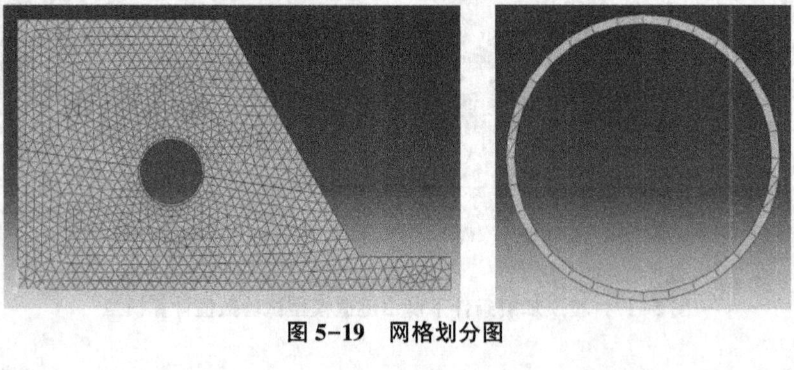

图 5-19　网格划分图

5.3.2　数值分析及其模型试验验证对比分析

1. 隧道衬砌变形分析

通过数值模拟得到的隧道衬砌水平位移和竖向位移的计算结果分别如图 5-20、图 5-21 所示。

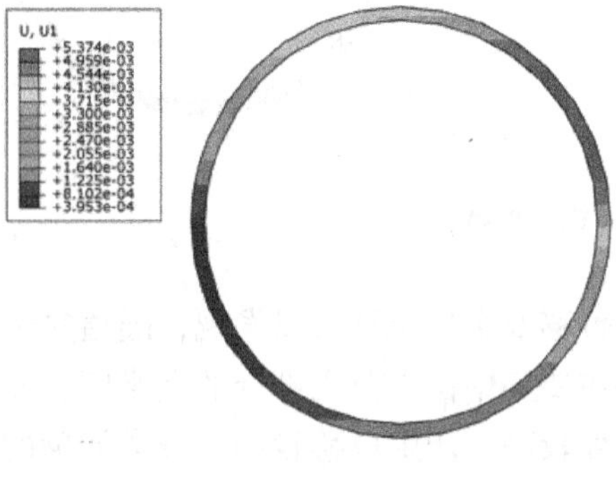

（a）工况3-1

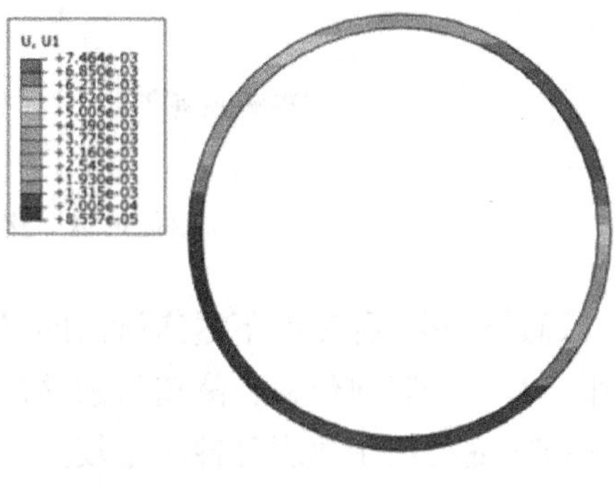

（b）工况3-2

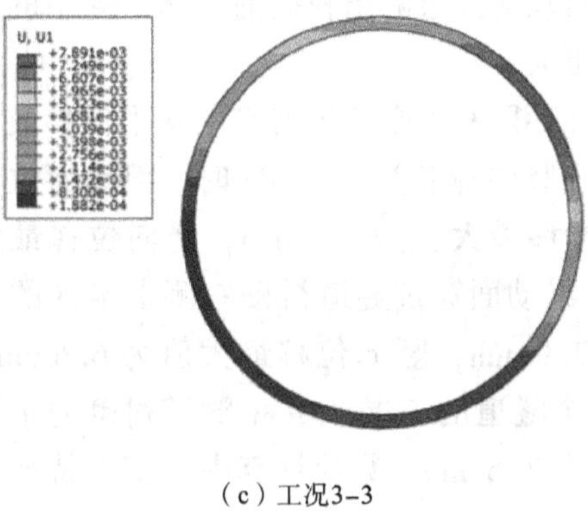

（c）工况3-3

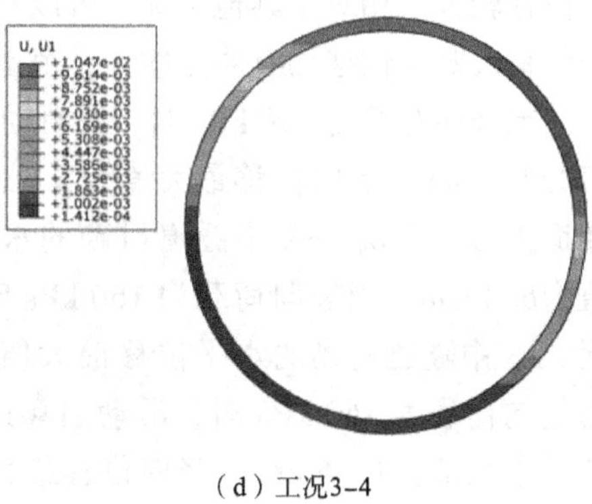

（d）工况3-4

图 5-20　隧道衬砌水平位移

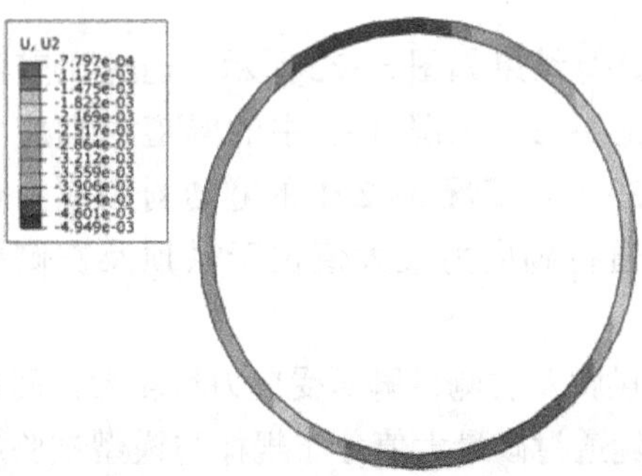

（a）工况3-1

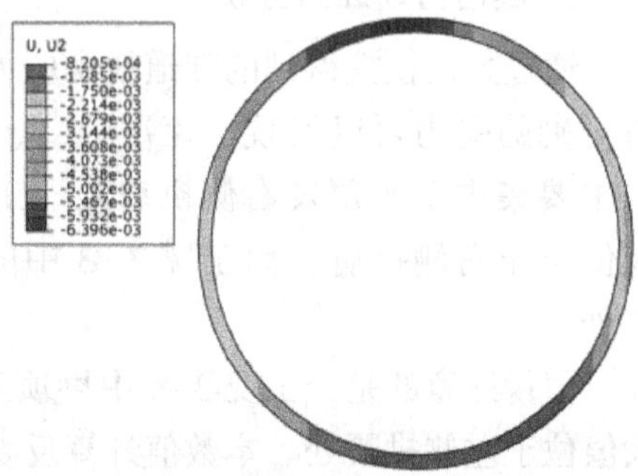

（b）工况3-2

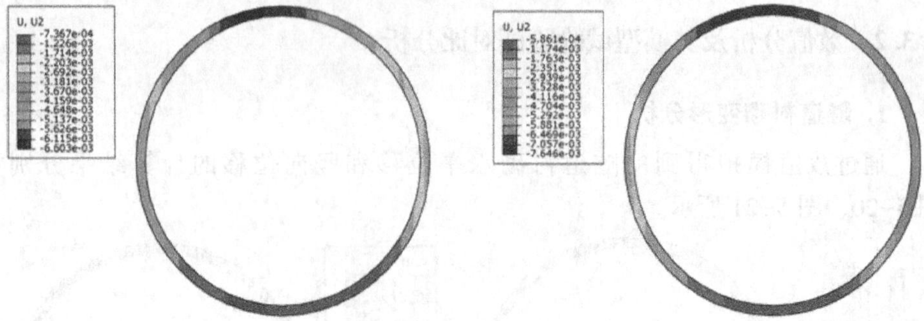

（c）工况3-3　　　　（d）工况3-4

图 5-21　隧道衬砌竖向位移

通过观察 4 种工况下隧道衬砌的竖向位移及水平位移可以发现，隧道衬砌的水平位移大于竖向位移，隧道衬砌的位移主要集中位于黄土部分的上半区，而隧道衬砌拱底处由于泥岩弹性模量较大，刚度较高，产生位移较小。隧道衬砌的位移能反映出隧道的变形情况。隧道衬砌的竖向位移主要集中在拱顶，而拱肩处水平位移较大。相对于其他工况，可以看出滑动面穿过隧道衬砌的工况 3-4 中的水平位移及竖向位移均有明显增大，范围也更大。

当竖向荷载为 190 kPa 时，无滑动面的工况 3-1 中隧道衬砌的水平位移最大值为5. 4 mm，竖向位移最大值为 5 mm。当竖向荷载为 170 kPa 时，滑动面位于隧道上方的工况 3-2 中隧道衬砌的水平位移最大值为 7. 5 mm，竖向位移最大值为6. 4 mm。当竖向荷载为 160 kPa 时，滑动面穿过隧道衬砌右侧上半区的工况 3-3 中隧道衬砌的水平位移最大值为 7. 9 mm，竖向位移最大值为 6. 6 mm。当竖向荷载为 160 kPa 时，滑动面穿过整个隧道的工况 3-4 中隧道衬砌的水平位移最大值为10. 5 mm，竖向位移最大值为 7. 6 mm。数值计算中的变形特征与模型试验中的变形特征基本吻合。

2. 隧道衬砌应力分析

通过数值模拟得到的隧道衬砌应力的计算结果如图 5-22 所示。通过比较隧道衬砌的受力可以发现，工况 3-1、工况 3-2、工况 3-3 中的隧道衬砌应力均主要集中于拱顶及右侧拱肩处。工况 3-1 与工况 3-2 中的隧道衬砌应力最大值位于右侧拱肩，而工况 3-3 中的隧道衬砌应力最大值位于拱顶及右侧拱肩处。

值得注意的是，工况 3-4 中拱顶两侧拱腰及右侧拱脚所受应力均较大，而最大值位于左侧拱腰处。本数值计算反映的隧道衬砌最大值分布规律与模型试验结果基本吻合。

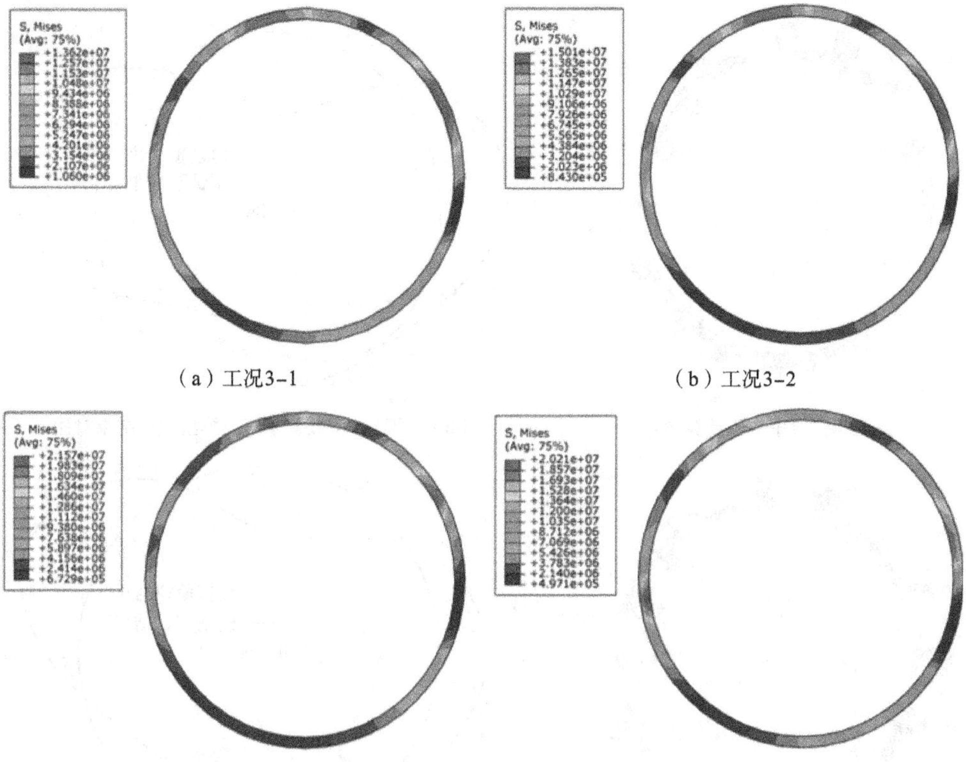

（a）工况3-1　（b）工况3-2

（c）工况3-3　（d）工况3-4

图 5-22　隧道衬砌中的应力分布

3. 隧道衬砌弯矩分析

通过数值模拟得到的隧道衬砌弯矩如图 5-23 所示。通过分析对比可知，通过数值模拟得到的隧道衬砌受力结果与模型试验结果基本吻合，后者略小于前者，均可以反映隧道衬砌的受力特征，进一步验证了模型试验的正确性。

隧道 16 个测点处的弯矩，除了工况 3-1 中由于试验过程中坡脚产生裂缝并延伸至隧道衬砌 S6 号点位处导致约束条件改变，使得该点处弯矩方向发生反转，其他点位处弯矩的数值模拟结果与模型试验结果均保持一致。同时，工况 3-1、3-2、3-3 中最大弯矩值位于右侧拱肩，而工况 3-4 中最大弯矩值位于左侧拱腰处。

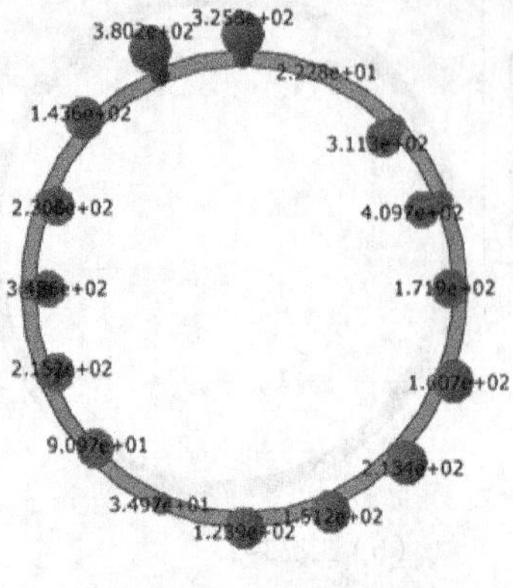

（a）工况3-1中数值计算弯矩

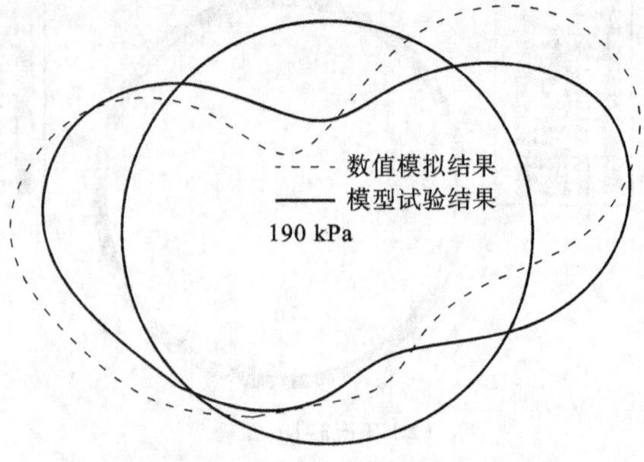

（b）工况3-1中数值模拟与模型试验结果对比

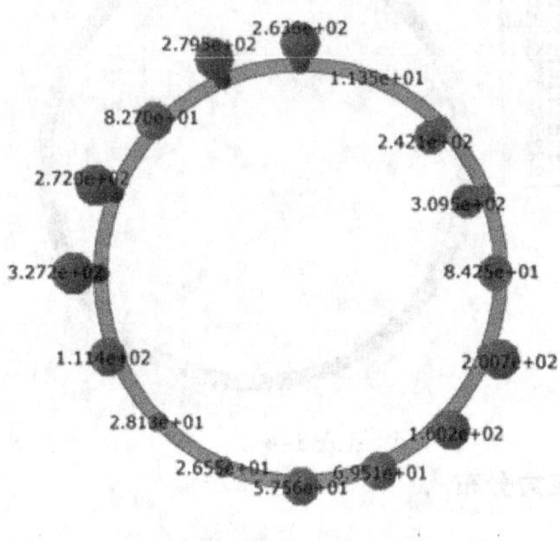

（c）工况3-2中数值计算弯矩

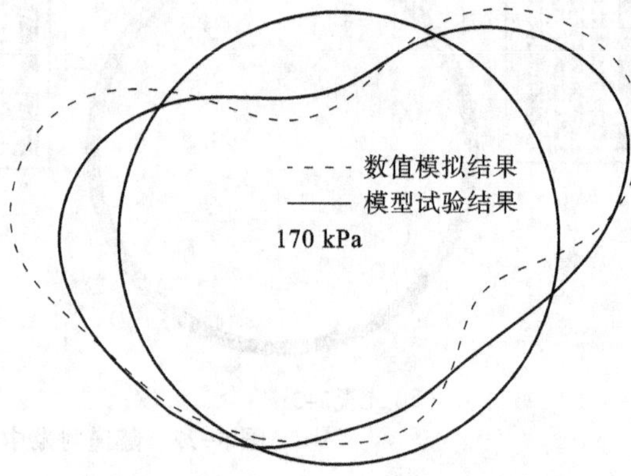

（d）工况3-2中数值模拟与模型试验结果对比

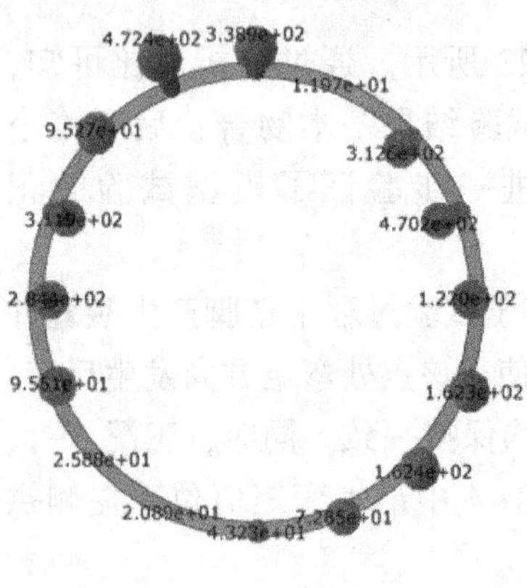

（e）工况3-3中数值计算弯矩

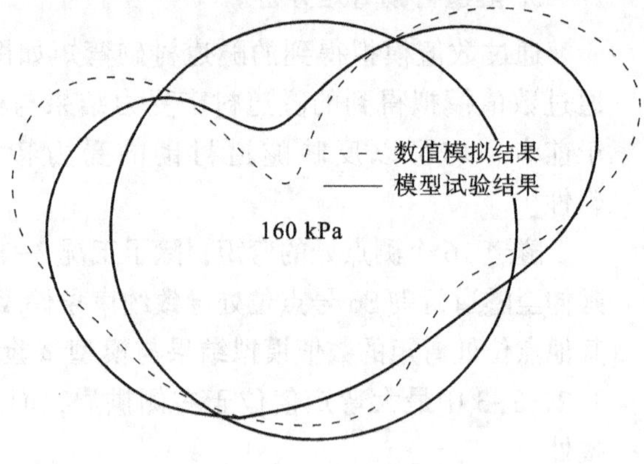

（f）工况3-3中数值模拟与模型试验结果对比

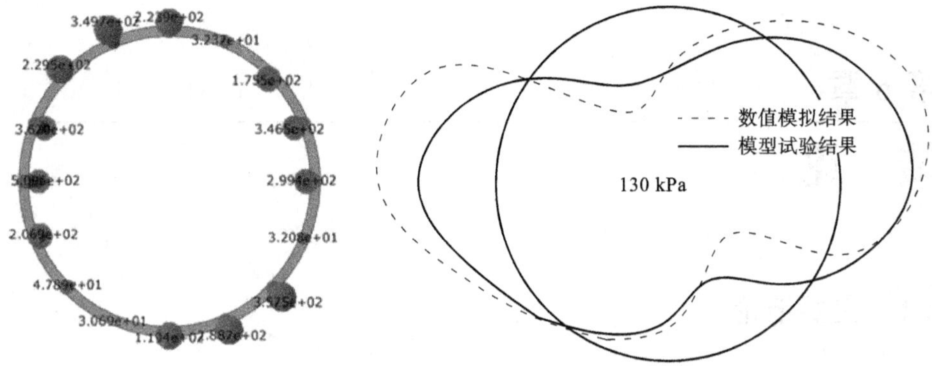

（g）工况3-4中数值计算弯矩　　　（h）工况3-4中数值模拟与模型试验结果对比

图 5-23　隧道衬砌弯矩对比分析

第 6 章

结　论

6.1　主要结论

在隧道建设过程中，很多时候隧道将不得不邻近乃至直接穿越滑坡地段，滑动面与隧道的相对位置不同，会使得隧道受到不同程度的影响，研究不同滑动面条件下隧道衬砌的受力变形及承载能力，对隧道位置的选择及隧道衬砌的设计显得尤为重要。因此，开展侧向变形条件下傍山隧道模型试验、坡顶加载条件下傍山隧道模型试验研究，具有重要的科学意义与工程意义。

本研究以黄土泥岩二元地质边坡中傍山隧道为研究对象，选取泥岩及黄土作为围岩，通过设计隧道模型试验，分别进行侧向变形条件下傍山隧道的模型试验、坡顶加载条件下傍山隧道的模型试验测试与分析，并利用 ABAQUS 有限元软件对傍山隧道模型试验进行了相应的数值模拟与分析，结合所测得模型试验数据，总结边坡中隧道在近邻滑坡条件下的变形机理和承载特性，通过研究取得了以下主要成果。

6.1.1　侧向变形条件下傍山隧道的模型试验及其承载特性

针对隧道-滑坡正交体系下，本书采用了一种侧向非均匀加载模型箱，建立了上部为黄土下部为泥岩的黄土泥岩二元地质边坡中傍山隧道模型，设计了隧道模型位于上部黄土中（工况 1-1）、黄土中潜在滑动面贯穿隧道模型（工况 1-2）、隧道模型位于黄土泥岩交界面（工况 2-1）、黄土泥岩中潜在滑动面贯穿隧道模型（工况 2-2）等 4 种傍山隧道模型。通过侧向加载破坏性试验，模拟边坡变形过程中隧道模型的受力特性，得到了隧道衬砌弯矩、衬砌周围土压力及衬砌所在坡体变形的情况，数值模拟结果也验证了模型试验规律，得到以下结论。

(1) 分析黄土泥岩二元地质边坡中傍山隧道衬砌破坏现象和模式，滑坡条件下隧道模型右侧均出现不同程度的脱空区。工况 1-1 条件下脱空区最大宽度约为 1 cm；工况 1-2 条件下脱空区最大宽度约为 2 cm；工况 2-1 条件下脱空区最大宽度处于工况 1-1 和 1-2 之间，约为 1.5 cm；工况 2-2 条件下脱空区宽度最大，达到 2.5 cm。脱空区宽度大小可以间接反映衬砌弯矩峰值大小，坡体中相同位置的隧道，脱空区越宽，衬砌弯矩峰值越大。隧道衬砌临近坡面侧拱肩及远离坡面侧拱脚的外侧、远离坡面侧拱肩及临近坡面侧拱脚的内侧为受拉敏感区，衬砌易发生开裂破坏。

（2）通过对傍山隧道模型 4 种工况试验加载过程中隧道衬砌弯矩的对比分析可知，边坡潜在滑动面和地层交界面都会增大隧道发生破坏的可能性，且地层交界面比潜在滑动面对弯矩峰值的影响更加显著，当同时存在地层交界面和潜在滑动面时，二者对弯矩影响具有显著的叠加效应。因而在实际边坡隧道设计中，临近坡面的隧道拱脚区域可以作为隧道安全考虑的重点部位。

①对比工况 1-2 与工况 1-1 条件下的隧道衬砌弯矩，相对于工况 1-1 中的弯矩峰值，工况 1-2 中隧道弯矩峰值均有增大，临近坡面侧拱脚区域弯矩值增幅最大，为 159.33%。这说明潜在滑动面的存在会增大边坡中隧道衬砌破坏的可能性。

②对比工况 2-1 与工况 1-1 条件下的隧道衬砌弯矩，相对于工况 1-1 中的弯矩峰值，工况 2-1 中隧道弯矩峰值均有增大，同样临近坡面侧拱脚区域弯矩值增幅最大，为 213.63%。这说明黄土泥岩交界面上下土体刚度的不同会增大边坡中隧道衬砌破坏的可能性，且滑坡过程中黄土泥岩交界面比潜在滑动面对边坡中隧道衬砌的破坏能力更强。

②对比工况 2-2 与工况 1-1 条件下的隧道衬砌弯矩，相对于工况 1-1 中的弯矩峰值，工况 2-2 中隧道弯矩峰值大幅增长，临近坡面侧拱脚区域弯矩值增幅最大，为 349.22%。这说明潜在滑动面和黄土泥岩交界面对边坡中隧道衬砌的破坏作用是叠加的。

（3）通过对傍山隧道 4 种工况条件下试验加载过程中隧道衬砌周边土压力的对比分析，对于傍山隧道，隧道远离斜坡表面一侧的土压力敏感性最大，傍山隧道的偏压特性突出。受到潜在滑动面和地层交界面的双重影响，在边坡中隧道设计中，应考虑不同情况和不同埋深对隧道背坡一侧的土压力的影响，增强隧道背坡一侧，也即增强围岩压力偏大一侧的衬砌结构强度。

6.1.2 坡顶加载条件下傍山隧道的模型试验及其承载特性

针对隧道-滑坡正交体系下，本书采用了一种坡顶加载模型箱，建立了上部为黄土下部为泥岩的黄土泥岩二元地质边坡中傍山隧道模型，设计针对隧道-滑坡正交体系下，在无滑动面（工况 3-1）、滑动面位于隧道上方（工况 3-2）、滑动面穿过隧道拱顶（工况 3-3）及滑动面穿过整个隧道（工况 3-4）等 4 种工况下傍山隧道模型试验，并通过课题组设计的竖向加载模型箱装置采用坡顶竖向加载的方式进行，研究了不同滑动面条件下隧洞衬砌的受力变形、竖向承载性能及边坡的破坏模式，同时运用 ABAQUS 有限元软件对隧道衬砌模型进行数值计算，数值模拟结果也验证了模型试验规律，得到以下结论。

（1）不同滑动面条件下，隧道衬砌的竖向承载性能由高到低依次为：无滑动面（工况 3-1）、滑动面位于隧道上方（工况 3-2）、滑动面穿过隧道拱顶（工况 3-3）、滑动面穿过整个隧道（工况 3-4）。滑动面的存在导致隧道衬砌的竖向承载性能降低，滑动面距离隧道衬砌重心越近，衬砌的竖向承载性能越差。

①相同荷载条件下，将其他工况中隧道衬砌弯矩大于工况 3-1 中隧道衬砌弯矩最大值的区域定义为易损区。工况 3-2 中隧道衬砌的易损区位于隧道衬砌邻近坡面侧拱肩处，易损区占隧道衬砌截面面积的 3.6%；工况 3-3 中隧道衬砌的易损区分布于隧道衬砌拱顶及邻近坡面侧拱肩，各易损区分别占隧道衬砌截面面积的 9.7%、9.5%，总计 19.2%；工况 3-4 中隧道衬砌的易损区分布于隧道衬砌拱顶、拱脚及两侧拱腰，各易损区分别占隧道衬砌截面面积的 15.3%、11.9%、11.4%、14.2%，总计达到了 52.8%。与其他工况相比，工况 3-1 中隧道衬砌的易损区最大。

②工况 3-1、工况 3-2、工况 3-3 中隧道衬砌弯矩最大值位置相同，位于隧道衬砌邻近坡面侧拱肩 S4 号点位处，工况 3-4 中隧道衬砌弯矩最大值位于隧道衬砌远离坡面侧拱腰 S13 号点位处。相同荷载条件下，相对于无滑动面的工况 3-1，工况 3-2 中隧道衬砌弯矩最大值增大了 4.2%；工况 3-3 中隧道衬砌弯矩最大值增大了 35.5%；工况 3-4 中隧道衬砌弯矩最大值增大了 81.5%；工况 3-4 中隧道衬砌弯矩较其他工况增加显著。

（2）模型试验中隧道衬砌存在 4 个反弯点，依据反弯点的位置和隧道衬砌外侧的受力情况，将隧道分为上部受压区、下部受压区、左侧受拉区、右侧受拉区。相同荷载条件下与无滑动面的工况 3-1 相比，工况 3-4 中滑动面穿过整个隧道对衬砌的受力影响最大。

①工况 3-2 中滑动面位于隧道上方对隧道衬砌的受力影响最小，其上部受压区弯矩极大值比工况 3-1 中减小 6.4%，下部受压区弯矩极大值比工况 3-1 中减小 0.1%，左侧受拉区弯矩极大值比工况 3-1 中增大 3.2%，右侧受拉区弯矩极大值比工况 3-1 中增大 4.2%。

②工况 3-3 中滑动面穿过隧道拱顶对衬砌的受力影响较大，其上部受压区弯矩极大值比工况 3-1 中增大 42.0%，下部受压区弯矩极大值比工况 3-1 中增大 35.7%，左侧受拉区弯矩极大值比工况 3-1 中增大 35.8%，右侧受拉区弯矩极大值比工况 3-1 中增大 35.5%。

③工况 3-4 中衬砌上部受压区弯矩极大值比工况 3-1 中增大了 74.9%，下

部受压区弯矩极大值比工况 3-1 中增大 276.9%，远离坡面一侧的左侧受拉区弯矩极大值比工况 3-1 中增大 204.4%，邻近坡面一侧的右侧受拉区弯矩极大值比工况 3-1 中增大 67.4%。

(3) 通过对隧道围岩裂缝的分析并结合数值计算发现隧道衬砌的变形主要发生于隧道衬砌的上半区，边坡上层黄土与下层泥岩刚度相差较大，隧道衬砌位于泥岩的部分变形极小。隧道衬砌的变形主要为竖向的压缩变形及水平向的挤压变形，竖向变形主要集中于拱顶，水平位移主要集中于邻近坡面侧拱肩。由于试验过程中上部黄土层的滑移，隧道衬砌的水平变形大于竖直变形。相同荷载条件下，滑动面穿过整个隧道时隧道衬砌的变形最大，滑动面穿过隧道拱顶时次之，无滑动面条件下隧道衬砌变形最小。

(4) 针对不同滑动面位置条件下边坡的破坏模式分析可知，二元地质边坡的破坏会导致隧道周边会出现衬砌与围岩的脱空，由于黄土泥岩交界面或滑动面处的滑动，在一定程度上降低了向坡脚处传递的荷载。

①边坡的破坏主要出现在坡顶、滑动面、黄土泥岩交界面及坡脚处，隧道周边会出现衬砌与围岩的脱空。

②边坡的破坏现象随着坡顶荷载的不断增大从上而下逐步出现，反映了荷载的传递性。

③只有无滑动面的工况 3-1 条件下在坡脚处产生破坏，工况 3-2、工况 3-3、工况 3-4 中的破坏现象都出现于黄土泥岩交界面或滑动面处，边坡开裂并不一定传递至坡脚，上部滑动面的滑动在一定程度上降低了向坡脚处传递的荷载大小。

(5) 傍山隧道的偏压特性突出，土压力的受力呈现出三种状态：

①边坡土体受力压缩，坡体内土压力缓慢增长；

②土体被压实，坡顶荷载进一步增加，坡体内土压力增速变大；

③边坡产生破坏，部分区域中土压力由于坡体裂缝的产生，土体从紧实状态变为松弛，土压力迅速减小，而无裂缝产生的区域受到坡体破坏的影响，边坡整体约束条件发生改变，土压力无法进一步增大或增速放缓。

(6) 基于不同滑动面条件下展现出的隧道衬砌承载能力，建议隧道选址过程中尽量避免与滑动面相接触，当不可避免要与滑动面发生接触时，尽可能地减小与滑块相交的面积，并对易损区做出相应的抗弯加强措施。

6.2 研究展望

本研究采用有机玻璃作为隧道衬砌模拟材料，对侧向变形条件下傍山隧道的模型试验和坡顶加载条件下傍山隧道的模型试验进行一系列承载力与变形的研究，然而，由于试验条件的有限性，无论是模型试验还是数值模拟，都存在不足之处，还需进一步的研究和完善。为了更加深入地获得傍山隧道变形机制与承载特性，未来可以从以下几个方面进行深入研究。

（1）侧向变形条件下傍山隧道的模型试验中固定圆形断面作为隧道模拟对象，实际工程中，边坡中隧道还有其他断面形状，如马蹄形断面、三心圆拱断面、直墙式衬砌断面等，可以根据具体的隧道工况，针对不同边坡中隧道断面工况进一步开展研究。

（2）侧向变形条件下傍山隧道的模型试验和坡顶加载条件下傍山隧道的模型试验中均采用有机玻璃作为隧道衬砌模拟材料，由于材料性质的不同，对试验结果存在一定影响。实际工程中多采用混凝土作为衬砌材料，可以考虑对原形隧道进行几何缩尺，以混凝土及铁丝等材料浇筑混凝土隧道模型进行模拟试验，并展开相关研究。

（3）针对隧道-滑坡平行及斜交体系下的破坏模式及变形情况进一步开展研究。

（4）针对相应的破坏特征及受力变形情况做出有针对性的防护及加固措施，从而提高工程实践价值。

参 考 文 献

[1] 马慧民．坡体病害与隧道变形问题［J］．岩石力学与工程学报，2003，22（增2）：2719-2724.

[2] 成永刚，王全才，范安军．隧道区滑坡防治方案研究［J］．地质灾害与环境保护，2014，25（4）：30-36.

[3] 陶志平，周德培．滑坡地段隧道变形的地质力学模型及工程防治措施［J］．铁道工程学报，2006（1）：61-66.

[4] 黄荣宾．考虑黄土蠕变作用的隧道衬砌结构荷载传递规律研究［D］．西安：西安科技大学，2018.

[5] 马惠民，吴红刚．隧道-滑坡体系的研究进展和展望［J］．地下空间与工程学报，2016，12（2）：522-530.

[6] 牌立芳，赖天文，吴红刚．陆路交通隧道-滑坡平行体系模型建立与试验验证［J］．铁道建筑，2018，58（12）：64-68.

[7] 罗兴华，兰晓峰，舒中文，等．大准南铁路南坪隧道-滑坡体系变形特征及处治技术［J］．铁道建筑，2018，58（10）：55-59.

[8] 满达，谭登方. 四川一高速隧道口山体滑坡［EB/OL］. https://www.163.com/dy/article/HBHVOJNN053 469LG.html.

[9] 杨华峰. 湖南古丈暴雨引发山体滑坡多栋房屋倒塌交通中断［EB/OL］. http://news.jcrb.com/pic/201607/t20160718_1634809.html.

[10] 张顶立．隧道及地下工程的基本问题及其研究进展［J］．力学学报，2017，49（1）：2-21.

[11] 陶志平，周德培．用抗滑桩整治滑坡地段隧道变形的模型试验研究［J］．岩石力学与工程学报，2004（3）：457-460.

[12] 毛坚强，周德培．滑坡-隧道相互作用受力变形规律的研究［J］．西南交通大学学报，2002（4）：371-376.

[13] BISHOP A W. The use of the slip circle in the stability analysis of slopes［J］. Géotechnique，1955，5（1）：7-17.

[14] JANBU N. Earth pressure and bearing capacity calculations by generalized procedure of slice［C］//Proc. 4th Int. Conf. on Soil Mechanics and Foundation Engineering，1957，2：207-213.

[15] JANBU N. Slope stability computations［C］// Embankment Dam Engineering，1973，New

York: John Wiley & Sons.

[16] SARMA S K. Stability analysis of embankments and slopes [J]. Journal of the geotechnical engineering division, 1979, 105 (12): 1511-1524.

[17] MORGENSTERN N R, PRICE V E. The analysis of stability of general slip surfaces [J]. Geotechnique, 1965. 15 (1): 79-93.

[18] SPENCER E. A method of analysis of the stability of embankments assuming parallel inter-slice forces [J]. Géotechnique, 1967, 17 (1): 11-26.

[19] SPENCER E. Thrust line criterion in embankment stability analysis [J]. Géotechnique, 1973, 23 (1): 85-100.

[20] BAKER R, GARBER M. Theoretical analysis of the stability of slopes [J]. Géotechnique, 1978, 28 (4): 395-411.

[21] 徐邦栋. 滑坡分析与防治 [M]. 北京: 中国铁道出版社, 2001.

[22] 陈祖煜, 弥宏亮. 边坡稳定三维分析的极限平衡方法 [J]. 岩土工程学报, 2002, 5: 525-529.

[23] ZIENKIEWIZE O C, HUMPHERSON C, LEWIS R W. Associated and non-associated visco-plasticity and plasticity in soil mechanics [J]. Géotechnique, 1975, 25 (4): 671-689.

[24] GRIFFITHS D V, LANE P A. Slppe stability analysis by finite elements [J]. Géotechnique, 1999. 49 (3): 387-403.

[25] DAWSON E W, ROTII W H, Drescher A. Slppe stability analysis by strength reduction [J]. Géotechnique, 1999, 49 (6): 835-840.

[26] 安关峰, 殷坤龙, 唐辉明. 黄土坡滑坡的离散元研究 [J]. 地球科学, 2002, 27 (4): 464-466.

[27] 殷坤龙, 姜清辉, 汪洋. 滑坡运动过程仿真分析 [J]. 地球科学, 2002, 27 (5): 632-636.

[28] 王家鼎, 冯学才, 孟兴民. 黄土斜坡稳定性的模糊信息分析方法 [J]. 山地研究, 1991, 9 (1): 33-40

[29] 伍四明, 李曰国. 万县滑坡群稳定性的模糊数学分析 [J]. 地质灾害与环境保护, 1994, 5 (2): 45-52.

[30] 祝玉学. 边坡可靠性分析 [M]. 北京: 冶金工业出版社, 1993.

[31] 袁相儒, 谢广林. 滑坡灾害预测专家系统 LPES [J]. 岩土力学, 1995, 6 (2): 42-51.

[32] 肖专文, 张奇志. 遗传进化算法在边坡稳定分析中的应用 [J]. 岩土工程学报, 1998, 20 (1): 44-46.

[33] 蒋良文, 王士天. 山民江上游汉川—较场段滑坡稳定性的神经网络评判及其堵江可能性浅析 [J]. 山地学报, 2000, 18 (6): 547-553.

[34] 许建聪, 尚岳全, 陈侃福, 等. 强降雨作用下的浅层滑坡稳定性分析 [J]. 岩石力学与工程学报, 2005, (18): 3246-3251.

[35] 校小娥. 地震作用下滑坡稳定性分析 [D]. 成都: 西南交通大学, 2010.

[36] 杨涛, 周德培, 马惠民, 等. 滑坡稳定性分析的点安全系数法 [J]. 岩土力学,

2010，31（3）：971-975.

[37] 李世海，刘天苹，刘晓宇．论滑坡稳定性分析方法［J］．岩石力学与工程学报，2009，28（S2）：3309-3324.

[38] 汪丁建，唐辉明，李长冬，等．强降雨作用下堆积层滑坡稳定性分析［J］．岩土力学，2016，37（2）：439-445.

[39] 曾刚．库水升降作用下水库库岸滑坡稳定性分析［J］．三峡大学学报（自然科学版），2011，33（4）：15-18.

[40] 沈佳，董岩松，简文彬，等．台风暴雨型土质滑坡演化过程研究［J/OL］．工程地质学报：1-11［2020-06-09］．https：//doi. org/10. 13544/j. cnki. jeg. 2019-540.

[41] 林文华，叶诚耿，王浩．考虑堆填界面软化及地下水位波动的大型弃渣场边坡稳定性分析［J］．铁道建筑，2022，60（5）：84-88.

[42] TERZAGHI K. Theoretical soil mechanics［M］. New York：John Wiley and Son，1943.

[43] FENNER R. A study of ground pressure［M］. Gluckauf，1938.

[44] KONTOGIANNI V A，STIROS S C. Induced deformation during tunnel excavation：evidence from geodetic monitoring［J］. Engineering geology，2004，79（1）.

[45] 韩瑞庚．地下工程新奥法［M］．北京：科学出版社，1987.

[46] 于学馥．轴变论与围岩变形破坏的基本规律［J］．铀矿冶，1982（1）：8-17.

[47] 董方庭，宋宏伟，郭志宏．巷道围岩松动圈支护理论［J］．煤炭学报，1994，19（1）：21-32.

[48] 何满潮，景海河，孙晓明．软岩工程地质力学研究进展［J］．工程地质学报，2000（1）：46-62.

[49] 《中国公路学报》编辑部．中国隧道工程学术研究综述·2015［J］．中国公路学报，2015，28（5）：1-65.

[50] ZHANG X，WANG M N，WANG Z L，et al. Stability analysis model for a tunnel face reinforced with bolts and an umbrella arch in cohesive-frictional soils［J］. Computers and geotechnics，2020：124.

[51] 廖凯．基于图像传感器的隧道变形监测系统［D］．成都：电子科技大学，2009.

[52] 黄胜．高烈度地震下隧道破坏机制及抗震研究［D］．武汉：中国科学院研究生院（武汉岩土力学研究所），2010.

[53] 李术才，刘斌，孙怀凤，等．隧道施工超前地质预报研究现状及发展趋势［J］．岩石力学与工程学报，2014，33（6）：1090-1113.

[54] 赵勇．隧道软弱围岩变形机制与控制技术研究［D］．北京：北京交通大学，2012.

[55] 田岗，白明洲，王成亮，等. 基于灰色上、下限理论的土质隧道变形预测分析及安全评价［J］．现代隧道技术，2014，51（3）：161-167.

[56] 谢雄耀，卢晓智，田海洋，等．基于地面三维激光扫描技术的隧道全断面变形测量方法［J］．岩石力学与工程学报，2013，32（11）：2214-2224.

[57] 洪开荣．我国隧道及地下工程发展现状与展望［J］．隧道建设，2015，35（2）：

95-107.

[58] 闫春岭，丁德馨，崔振东，等．FLAC 在铁山坪隧道围岩稳定性分析中的应用［J］．地下空间与工程学报，2006（3）：499-503.

[59] 宋丽霞，陶干强，王清良．隧道围岩稳定性数值模拟研究现状与发展方向［J］．矿业快报，2007（6）：16-20.

[60] 苏永华，何新亮，罗正东．基于强度折减法的隧道围岩稳定性研究［J］．水文地质工程地质，2014，41（1）：48-53.

[61] 吴秋军，王明年，刘大刚．基于现场位移监测数据统计分析的隧道围岩稳定性研究［J］．岩土力学，2012，33（S2）：359-364.

[62] CHAMBON P，CORTÉ J. Shallow tunnels in cohesionless soil：stability of tunnel face［J］. Journal of geotechnical engineering，1994，120（7）：1148.

[63] 苟德明，阳军生，张戈．浅埋暗挖隧道管棚变形监测及受力机制分析［J］．岩石力学与工程学报，2007，26（6）：1258-1264.

[64] 李煜舲，林铭益，许文贵．三维有限元分析隧道开挖收敛损失与纵剖面变形曲线关系研究［J］．岩石力学与工程学报，2008（2）：258-265.

[65] MOLLON G，ASCE M，ASCE F，et al. Validation of a new 2D failure mechanism for the stability analysis of a pressurized tunnel face in a spatially varying sand［J］. Journal of engineering mechanics，2011，137（1）：8.

[66] 张强．浅埋偏压隧道力学行为和层状围岩稳定性分析［D］．沈阳：沈阳工业大学，2018.

[67] 吕和林．隧道施工位移量测数据库与位移分析［J］．西南交通大学学报，1993，91（3）：21-27.

[68] 刘艳青，卢汝绥．软岩隧道围岩压力的位移直接反演方法的研究［J］．土木工程学报，2001，34（1）：84-87.

[69] 朱永全．隧道稳定性位移判别准则［J］．中国铁道科学，2001，22（6）：81-84.

[70] KITAGAWA T，KUMETA T，ICHIZYO T，et al. Application of convergence confinement analysis to the study of preceding displacement of a squeezing rock tunnel［J］. Rock mechanics and rock engineering，1991，24（1）：31-51.

[71] AYDAN O，KABI T A，KAWAMOTO T. The squeezing potential of rock around tunnels［J］. Rock mechanics and rock engineering，1993，26（2）：137-163.

[72] 李文韬，张拥军，刘思佳，等．山岭隧道浅埋偏压段塌方冒顶分析及工法优化［J］．公路，2020（1）：309-314.

[73] SHEN B，BARTON N. The disturbed zone around tunnels in jointed rock masses［J］. International journal of rock mechanics and mining sciences & geomechanics abstracts，1997，34（1）：117-125.

[74] 杜守继，职洪涛，翁慧俐，等．高速公路软岩隧道复合支护机理的 FLAC 解析［J］．中国公路学报，2003，16（2）：70-77.

[75] 李晓红，李登新，靳晓光，等．初期支护对软岩隧道围岩稳定性和位移影响分析［J］．岩

土力学，2005，26（8）：1207-1210.

[76] 戴宏伟，陈仁朋，陈云敏．地面新施工荷载对临近地铁隧道纵向变形的影响分析研究［J］．岩土工程学报，2006（3）：312-316.

[77] 康成，梅国雄，梁荣柱，等．地表临时堆载诱发下既有盾构隧道纵向变形分析［J］．岩土力学，2018，39（12）：4605-4616.

[78] 张明告，周顺华，黄大维，等．地表超载对地铁盾构隧道的影响分析［J］．岩土力学，2016，37（8）：2271-2278.

[79] 周德培．圆形隧道的围岩流变压力研究［J］．西南交通大学学报，1992，86（4）：84-90.

[80] 周德培，张鲁新．运营隧道衬砌开裂的病害分析及对策［C］//西南交通大学．西南交通大学百年校庆论文集（土木工程分册）．成都：西南交通大学出版社，1996.

[81] 周丁恒，陈长江，曹力桥，等．堆载控制基坑开挖引起的地铁区间隧道上浮研究［J］．现代隧道技术，2008，45（S1）：211-215.

[82] 孙廉威．外界荷载作用下已建盾构隧道结构性状［D］．杭州：浙江大学，2016.

[83] 苏道振．不均匀沉降对城市盾构隧道影响及预测研究［D］．北京：北京交通大学，2017.

[84] 王莉．软土盾构法隧道长期纵向沉降变形研究［J］．中国市政工程，2013（5）：89-91.

[85] 谭玉兰，高波．铁路隧道的病害调查分析［C］//西南交通大学．西南交通大学百年校庆论文集（土木工程分册）．成都：西南交通大学出版社，1996.

[86] 山田刚二，渡正亮，小桥澄治．滑坡和斜坡崩塌及其防治［M］．北京：科学出版社，1980：19-27.

[87] 吴红刚，吴道勇，马惠民，等．隧道-滑坡体系类型和隧道受力变形模式研究［C］//第十二次全国岩石力学与工程学术大会会议，2012.

[88] 张鲁新，周德培．蠕动滑坡成因及隧道变形机理的分析［J］．岩石力学与工程学报，1999，18（2）：217-221.

[89] 毛坚强，张鲁新．滑坡隧道受力及变形规律的研究［J］．广东公路交通，1998（S1）：68-71.

[90] 周德培，毛坚强，张鲁新，等．隧道变形与坡体灾害相互关系及其预测模式［J］．铁道学报，2002（1）：81-86.

[91] 陶志平，周德培．蠕动型滑坡隧道的变形规律及灾害预测［J］．西南交通大学学报，2007（2）：163-168.

[92] 马惠民．坡体病害与隧道变形问题［J］．岩石力学与工程学报，2003，22（S2）：2719-2723.

[93] 郑静，马惠民．山区铁路隧道变形与坡体病害的防治措施［C］//滑坡文集．北京：中国铁道出版社，2003：21-29.

[94] 马惠民．坡体病害地段隧道变形类型和机理［J］．甘肃科学学报，2003（S1）：87-94.

[95] 成永刚，王全才，范安军．隧道区滑坡防治方案研究［J］．地质灾害与环境保护，2014，25（4）：30-36.

[96] 张鲁新，周德培．蠕动滑坡成因及隧道变形机理的分析［J］．岩石力学与工程学报，1999，18（2）：217-217.

[97] 潘卫东，张鲁新，朱元林，等．坡体病害地段利用隧道变形规律预测山体灾害的方法［J］．岩石力学与工程学报，2001，20（4）：502-507.

[98] 毛坚强，周德培．滑坡-隧道相互作用受力变形规律的研究［J］．西南交通大学学报，2002，37（4）：371-376.

[99] 陶志平．滑坡地段隧道变形机理及灾害预测和治理研究［D］．成都：西南交通大学，2003.

[100] 陶志平，周德培．滑坡地段隧道变形机理的模型试验研究［J］．工程地质学报，2003，11（3）：323-327.

[101] 刘天哲，李红卫，王宇．坡体病害地段的隧道变形机理分析［C］．全国土力学及岩土工程学术会议．2011.

[102] 张永康，姚伟，张登武．浅析某滑坡引发隧道变形原因及防治措施［J］．高速铁路技术，2016，7（4）：36-40.

[103] BHARDWAJ G S. Landslide sensitivity assessment of existing twin tunnels: a case study of national highway-76 between Udaipur-Pindwara, Rajasthan, India［J］. Scientia horticulturae, 2014, 3（4）: 201-210.

[104] 王永刚，丁文其，唐学军．阳坡里隧道纵穿滑坡体段变形破坏机制与加固效应研究［J］．岩土力学，2012，33（7）：2142-2148.

[105] VASSALLO R, MISHRA M, SANTARSIERO G, et al. Interaction of a railway tunnel with a deep slow landslide in clay shales［C］. Italian workshop on landslides. 2016: 15-24.

[106] 孔祥凯．滑坡引起隧道病害的机理分析与整治［D］．石家庄：石家庄铁道大学，2017.

[107] SZAVITS-NOSSAN V. Landslide induced by tunnel excavation［C］//Fourteenth international conference on soil mechanics and foundation engineering. hrvatska znanstvena bibliografijai MZOS-Svibor, 1997.

[108] 崔宏伟，李德武．滑坡地段浅埋隧道极限位移研究及围岩稳定性评价［J］．兰州交通大学学报，2011，30（3）：5-10.

[109] 吴红刚．隧道-滑坡体系的变形机理及控制技术研究［D］．北京：中国铁道科学研究院，2012.

[110] 王安福，马惠民．襄渝线柴家坡隧道变形机理的数值模拟分析［C］//滑坡文集，2003.

[111] 叶浩，张科．正交体系下滑坡与滑体以下隧道相互作用研究［J］．公路，2019，64（12）：328-332.

[112] 陶志平，周德培．用抗滑桩整治滑坡地段隧道变形的模型试验研究［J］．岩石力学与工程学报，2004（3）：457-460.

[113] 吴红刚，陈小云，艾挥．隧道-滑坡正交体系受力模式的试验研究［J］．铁道工程

学报，2016，33（3）：1-5.

[114] 吴红刚，陈小云，艾挥．隧道-滑坡斜交体系变形机理的模型试验研究［J］．铁道工程学报，2016，33（9）：19-23.

[115] 吴红刚，陈小云，艾挥．隧道-滑坡平行体系变形机理的模型试验研究［J］．铁道工程学报，2016，33（11）：87-91.

[116] 熊田芳，邵生俊，王天明，等．西安地铁正交地裂缝隧道的模型试验研究［J］．岩土力学，2010，31（1）：179-186.

[117] 艾挥，吴红刚，陈小云．降雨对无支挡结构下隧道-滑坡正交体系的作用机理研究［J］．地震工程学报，2017，39（2）：212-220.

[118] 秦睿，陈小云．隧道-滑坡体系应力变形机理模型试验研究［J］．科学技术与工程，2017，17（29）：363-367.